MERIAN *live!*

Barbados
St. Lucia · Grenada · Kleine Antillen

Robert Möginger schreibt seit vielen Jahren über seine bevorzugten Ziele in der Karibik, in Lateinamerika und Spanien. Die Kleinen Antillen kennt der Reisejournalist von zahlreichen Aufenthalten.

 Familientipps
 Diese Unterkünfte haben behindertengerechte Zimmer
 Ziele in der Umgebung

Preise für ein Doppelzimmer mit Frühstück:

€€€€ ab 350 €   €€ ab 120 €
€€€ ab 220 €   € bis 120 €

Preise für ein dreigängiges Menü ohne Getränke:

€€€€ ab 50 €   €€ ab 20 €
€€€ ab 30 €   € bis 20 €

Inhalt

Willkommen auf Barbados, St. Lucia und Grenada 4

MERIAN-TopTen
Höhepunkte, die Sie sich nicht entgehen lassen sollten 6

MERIAN-Tipps
Tipps, die Ihnen die unbekannten Seiten der Inseln zeigen 8

Zu Gast auf Barbados, St. Lucia und Grenada 10

Übernachten 12
Essen und Trinken 14
grüner reisen 18
Einkaufen 22
Feste und Events 24
Sport und Strände 26
Familientipps 30

◄ Blick auf St. George's (► S. 81),
die schönste karibische Stadt.

Unterwegs auf Barbados, St. Lucia und Grenada — 32

Barbados: Bridgetown & Westen 34
Im Fokus – Rum für Feinschmecker 52
Barbados – Der Osten 54
St. Lucia 70
Grenada 80

St. Lucia

Barbados

Grenada

Touren und Ausflüge — 90

Im Hinterland von Barbados 92
St. Lucias Süden 96
Das grüne Herz Grenadas 98

Wissenswertes über die Inseln — 100

Auf einen Blick 102	Kartenlegende 117
Geschichte 104	Kartenatlas 118
Sprachführer Englisch 106	Kartenregister 122
Kulinarisches Lexikon 108	Orts- und Sachregister 124
Reisepraktisches von A–Z 110	Impressum 128

✳ Karten und Pläne

Kleine Antillen .... Klappe vorne	Kartenatlas 118–121
Stadtplan Bridgetown 37	Die Koordinaten im Text verweisen auf
Stadtplan St. George's 83	die Karten, z. B. ► S. 118, C 3.

Extra-Karte zum Herausnehmen .... **Klappe hinten**

Willkommen auf Barbados, Saint Lucia und Grenada. Die tropischen Inselwelten begeistern mit kreolischem Charme, Traumstränden und Plantagen-Romantik.

»Yeah, man. Cool, man.« Nelson, der Barmann mit den Rastalocken, nickt zustimmend und grinst dabei ein wenig ratlos. Was soll er dazu schon sagen? Es ist doch bloß ein Sonnenuntergang, einer von 365 im Jahr. Ein paar neue Gäste kommentieren das Spektakel am Horizont mit Ahs und Ohs, während er sich wieder seinen Cocktailrezepten zuwendet. Minutenlang scheint der Himmel in Flammen zu stehen, und jeden Moment bricht die laue Tropennacht herein. Samtig und schwer fühlt sich die Luft an, es riecht nach Meer und Vanille. Das Abendkonzert der Baumfrösche und Zikaden setzt ein. Nelson entzündet die Strandfackeln und legt dezenten Piano-Jazz auf. »Same-Same, ev'ry day«. Tagesgeschäft, um 18.30 Uhr, an der Westküste von Barbados.

Inseln mit Charakter

Die Karibik. Die Kleinen Antillen, Inseln über dem Wind. Klingende Namen, die spontan Bilder und Tagträume heraufbeschwören: von Piraten, Korallenriffen, Rum und Palmen, Calypso, entspannten Menschen am Strand. Und dann gibt es solche Augenblicke tatsächlich, in denen man glauben könnte, man spiele gerade in einem Werbefilm mit. Wo ist die Kamera versteckt, wer führt hier Regie? Sind die Far-

◄ Strandleben am blauen Meer: Rockley Beach (▸ S. 42), Barbados.

ben der Kulissen nicht doch etwas dick aufgetragen? Fest steht, der Blick ins Drehbuch lohnt sich: Die Kleinen Antillen haben Charakter und Kultur, keine Insel ist wie die andere.

Very British, isn't it?

Rote Briefkästen von Hastings bis Folkestone, Kricket, grüne Hügel und viktorianische Great Houses im Scotland District – auf Barbados spürt man, dass über keiner anderen Karibikinsel länger der Union Jack wehte. Klar, dass sich die vielen Besucher aus Manchester oder Glasgow auf Anhieb so sehr zu Hause fühlen.

Das britische Erbe ist es aber nicht allein, auf das die freundlichen Gastgeber, die Bajans, stolz sind. Nicht vergessen sollte man, dass bereits im 17. Jh. mehr Afrikaner als Briten auf der Insel lebten. »Mother Africa« bleibt lebendig im Rhythmus des Calypso, im Aroma der Inselküche und im melodischen Klang des kreolischen Bajan English.

Nicht einmal so groß wie Andorra, überrascht Barbados mit Vielfalt auf engstem Raum. An der Platinküste überwiegen Luxus und altes Geld. Im Südwesten herrscht Ferienstimmung fast wie auf Mallorca – in den Karaoke-Bars, Discos und Irish Pubs erst recht.

Ganz anders präsentiert sich die Ostseite: rau, ungeschminkt und erstaunlich still. In der Inselmitte laden historische Herrenhäuser und prächtige Gärten zum Flanieren ein. Für Surfer ist die windsichere Soup Bowl an der wilden Atlantikküste ein Begriff, während Golfer auf den vornehmen Greens im Westen ihr Dorado finden werden.

Grandiose, vielfältige Tropenträume

Saint Lucia besitzt mit seinen majestätischen Zwillingsgipfeln Gros Piton und Petit Piton ohne Zweifel das markanteste Profil Westindiens. Knapp 800 m ragen die Vulkankegel aus dem Meer, vom satten Grün des tropischen Regenwaldes überzogen und eingerahmt von perfekten Palmenstränden. Im Untergrund brodelt es noch immer. Heiße Mineralquellen zeugen davon, und der fruchtbare Lavaboden lässt Plantagen und Parks im Überfluss gedeihen. Bananen, Papayas und Kakao – nirgendwo schmecken exotische Früchte besser. Luxusresorts und verträumte Hideaways machen die Insel zum erklärten Sehnsuchtsziel für Romantiker. Außerdem freuen sich Taucher über Riffe und spektakuläre Steilwände vor den Küsten.

Grenada, die Gewürzinsel, gilt zusammen mit ihren winzigen Grenadinen-Schwesterinseln zu Recht als die ursprünglichste der drei Inselwelten. Der Tourismus konzentriert sich dort bislang auf eine überschaubare Hotelzone an der populären Südküste. Im bergigen Hinterland bieten sich im Nationalpark beste Gelegenheiten zum Wandern, Wasserfälle verführen zum Baden auch jenseits der Strände. Und wer auf Grenada erlebt hat, wie frische Muskatnüsse duften, wird bestimmt wiederkommen. »Soon come back«, sagen Antillaner gern zum Abschied. Das klingt fast wie ein Willkommen.

MERIAN-TopTen
MERIAN zeigt Ihnen die Höhepunkte der Inseln: Das sollten Sie sich bei Ihrem Besuch auf Barbados, St. Lucia und Grenada nicht entgehen lassen.

 Platinum Coast, Barbados
So exklusiv die Hotels auch sein mögen, die Traumstrände bleiben öffentlich (▸ S. 28, 35, 48, 94).

 Crane Beach, Barbados
Zartrosa der Sand, von tiefblau bis türkis das Meer – schon im 19. Jh. wähnten Reisende sich hier im Paradies (▸ S. 29, 45, 92).

 Bathsheba, Barbados
Karibische Gelassenheit und wilde Atlantikbrandung – ein Traum, nicht nur für Surfer (▸ S. 27, 55, 93).

 Flower Forest, Barbados
Tropische Flora trifft englisches »Gardening«: Die Orchideen-Sammlung ist zauberhaft (▸ S. 58, 94).

 St. Nicholas Abbey, Barbados
Das älteste koloniale Great House der Inseln lässt ahnen, wie die Herren des 17. Jh. lebten (▸ S. 60, 64, 94).

 Welchman Hall Gully, Barbados
In den Bäumen turnen Affen, am Boden führt ein Lehrpfad durch die verwilderte Plantage (▸ S. 58, 69, 94).

 Marigot Bay, St. Lucia
Die schmale Palmenbucht ist der wohl attraktivste Ankerplatz der Inseln (▸ S. 72).

 Soufrière und die Pitons, St. Lucia
Das Wahrzeichen der Kleinen Antillen: Die »Zuckerhüte« St. Lucias, eingerahmt von Tropenwald und Traumstrand (▸ S. 13, 71, 76, 96).

 St. George's, Grenada
Kolonialhäuser, leuchtende Farben und der Duft nach Muskat und Vanille: die schönste Hauptstadt der Karibik (▸ S. 81, 98).

 Grand Étang National Park, Grenada
Wasserfälle, Regenwald, ein Vulkansee – Grenadas tropisch-grünes Herz lässt sich gut erwandern (▸ S. 86, 98).

MERIAN-Tipps Mit MERIAN mehr erleben.

Nehmen Sie teil am Leben der Inseln und entdecken Sie Barbados, St. Lucia und Grenada, wie sie nur Einheimische kennen.

 Crop Over Festival, Barbados
Karibischer Karneval zum Mitmachen: Straßenparaden, Soca und Calypso – Ende Juli wird gefeiert (▶ S. 25).

 Mullins Beach Bar, Barbados
Der Treffpunkt zum Sundowner an der Westküste (▶ S. 27).

 Sonnenuntergang an der Morne Rouge Bay, Grenada
Glasklares, ruhiges Wasser und herrliche Palmen: Der schönste Strand Grenadas hat den schönsten Sonnenuntergang (▶ S. 28).

 Kricket, Bridgetown, Barbados
So rätselhaft wie faszinierend: Kricket, der Nationalsport der Bajans (▶ S. 36).

 Waterfront Café, Barbados
Eine Institution am Hafen von Bridgetown, solide Speisekarte, abends mit Livemusik: Jazz, Steel-Band und Bajan Buffet (▶ S. 38).

 Oistins Fish Fry, Barbados
Freitags und Samstagabends verwandelt sich der Fischmarkt von Oistins in eine Freiluftparty (▶ S. 44).

Fisher Pond Great House, Barbados
Sonntags-Lunch mit Inselküche, stilvoll serviert in einem Herrenhaus des 17. Jh. – reservieren (▶ S. 60)!

Dasheene Restaurant, St. Lucia
Die einmalige Aussicht auf die Pitons und das Meer lassen die feine kreolische Küche beinahe zur Nebensache werden (▶ S. 78).

Balenbouche Estate, St. Lucia
Das verwunschene Plantagenhaus liegt inmitten paradiesischer Natur (▶ S. 79).

Patrick's Homestyle Cooking, Grenada
Insel-Unikum Patrick kocht in St. George's echte Inselküche nach Rezepten seiner Großmutter (▶ S. 84).

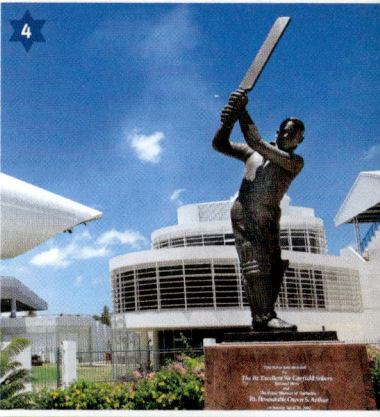

Bathsheba (▶ S. 55) an der Ostküste von Barbados ist bei internationalen Surf-Profis und Könnern sehr beliebt. Für Anfänger ist die Gegend weniger geeignet.

Zu Gast auf **Barbados, St. Lucia und Grenada**

Die drei Inseln sind vielfältig und unterschiedlich. Gemeinsam haben sie Sonne, Strände, freundliche Menschen und buntes Leben im Überfluss.

Übernachten
Luxushotel und all-inclusive müssen nicht unbedingt sein: Wer den Karibik-Trip sorgfältig plant und die Hochsaison meidet, kann preiswert und dabei gut unterkommen.

◂ Der Blick vom Ladera-Resort
(▸ MERIAN-Tipp, S. 78), St. Lucia,
auf die Pitons ist einmalig.

Eines vorweg: Zimmerpreise von mehr als 500 € pro Nacht sind auf den Kleinen Antillen nichts Ungewöhnliches. Speziell in der **Hochsaison** von Weihnachten bis März kennen manche Hoteliers keine Grenze. Ganz oben auf der Preisskala rangieren die Spitzenhotels an der Platinküste von Barbados, dicht gefolgt von den kleinen Luxus-Refugien an **St. Lucias Pitons** ★. Generell etwas günstiger ist die Hotellerie Grenadas. Immerhin halbieren selbst die feinsten Herbergen im Sommer gern die Tarife, um ihre Nebensaisonauslastung zu steigern. Manche Häuser sind auch über Reiseveranstalter günstiger buchbar. Wer direkt reserviert, sollte sich vergewissern, dass örtliche Steuern und Bedienungsgelder inbegriffen sind. Meerblick kostet meistens extra. »Island View« oder »Garden View« klingen zwar gut und erscheinen preiswert, erweisen sich aber nicht selten als »Blick auf den Parkplatz«. Eckzimmer, »Corner Rooms«, sind dank schöner Sicht und größerer Balkone bei gleichem Preis häufig die attraktivsten Räume eines Hauses. Auch hier gilt: Fragen kostet nichts!

Übernachtung mit Frühstück oder all-inclusive?

EP (»European Plan«) steht für Zimmer ohne Verpflegung, MAP (»Modified American Plan«) bedeutet Übernachtung mit Frühstück, AP (»American Plan«) ist Vollpension. In vielen Hotels wird auch »**all-inclusive**« angeboten. Manche Clubs spezialisieren sich gar auf »Couples only«, Paare ohne Kinder. Gastronomen und Einzelhändler auf den Inseln beklagen bereits, dass allzu viele Touristen nur noch einmal das Portemonnaie zücken – und zwar zu Hause im Reisebüro. Auf allen Inseln konzentriert sich die Masse der Unterkünfte auf bestimmte Hotelzonen: Auf Barbados ist das die Westküste, auf St. Lucia der Norden um Gros Islet, auf Grenada die Grand Anse Beach. Wer es ruhiger und individueller mag, sollte diese Gegenden eher meiden.

Apartments und Villen

Eine günstige Alternative zum Hotel sind **Apartments** mit Einbauküchen für Selbstversorger. Bei längeren Aufenthalten gibt es häufig Rabatt. Familiäre **Guesthouses** bieten gerade Alleinreisenden und Urlaubern mit schmalem Budget die Chance, Land und Leute günstig kennenzulernen. Häuser sowie **Villen** in einfacher bis edler Ausführung, mit und ohne Personal, vermitteln Makler und spezialisierte Veranstalter. Das Häuschen am Strand kann sich für Familien und Gruppen rasch lohnen, vor allem außerhalb der Hochsaison (Infos z. B. unter www.fewo-direkt.de). Ein bekannter Makler für **Cottages** und Villen aller Preislagen auf Barbados ist Jennifer Alleyne Ltd. (Tel. 4 32/11 59, www.jalbarbados.com).

Empfehlenswerte Hotels und andere Unterkünfte finden Sie bei den Orten im Kapitel ▸ Unterwegs auf Barbados, St. Lucia und Grenada.

Preise für ein Doppelzimmer mit Frühstück:

€€€€ ab 350 €   €€ ab 120 €
 €€€ ab 220 €   € bis 120 €

Essen und Trinken
Gut und gesund zu essen ist auf den Antillen keine Kunst. Die Zutaten der Inselküche sind deftig, natürlich und schmackhaft – dazu gibt es in den Resorts Gourmetküche aus aller Welt.

◀ Gehört zum Karibikurlaub einfach dazu: brauner oder weißer Rum, pur, auf Eis oder als Cocktail.

Geprägt ist der karibisch-kreolische Speiseplan sowohl von europäischen als auch afrikanischen und fernöstlichen Einflüssen. Im oberen Segment der Gastronomie durchgesetzt hat sich das trendige **Fusion Cooking**, das Sushi, Tex-Mex und mediterrane Elemente spielerisch miteinander kombiniert. Vor allem an der Platinküste von Barbados gibt es zahlreiche Lokale, die diese Küche auf höchstem Niveau zu zelebrieren verstehen. Aber nicht immer erscheinen die hohen Preise auch gerechtfertigt, allzu vollmundig klingt doch manche selbst verliehene Auszeichnung. In Restaurants gehobener Klasse wird erwartet, dass man im Voraus reserviert. Plätze werden stets zugewiesen, und abends gilt als **Dresscode** »Casual Elegance«: Der Herr trägt Hemd, lange Hosen und geschlossene Schuhe, die Dame gern das kleine Schwarze.
Noch vor der Bestellung sollte man sich vergewissern, ob zum Rechnungsbetrag zusätzlich 10–15 % Service Charge (Bedienungsgeld) und/oder 15 % Steuern anfallen. Verbindliche Öffnungszeiten gibt es nicht, die Gastronomen richten sich einfach nach Bedarf und Nachfrage. Um sicherzugehen, sollte man immer telefonisch reservieren. Kreditkarten werden fast überall akzeptiert.

Local Food oder internationale Cuisine?

Deutlich günstiger und durchaus spannend kann die einheimische Küche sein, die in bescheidenen Rum Shops oder an einem Straßenstand zubereitet wird. Fragen Sie nach »Local Food« und lassen Sie sich überraschen! In puncto Service und Tempo noch ein Tipp: Humor und freundliche Gelassenheit bringen Sie auf den Antillen weiter als Beschwerden über zu lange Wartezeiten …

Knollen und Blätter

Die Basis typischer Gerichte sind verschiedene Knollengemüse (Überbegriff: »Ground Provisions«), z. B. Yams, Süßkartoffeln (»Sweet Potato«), Maniok (»Cassava«), Taro (»Dasheen«) und Kochbananen (»Plantains«), die gekocht oder frittiert werden. Häufig beginnt ein karibisches Menü mit St. Lucias Nationalgericht, der spinatgrünen »**Callaloo Soup**«, einer Brühe mit den Blättern der Taro-Pflanze, verfeinert mit Krebs- oder Muschelfleisch. Weitere typische Grundnahrungsmittel sind »Rice and Peas« (Reis mit roten Bohnen) oder gebratene Brotfrucht. Letztere führte einst Kapitän Bligh mit seiner »Bounty« aus der Südsee in die Karibik ein. Die fußballgroßen Früchte schneidet man in Scheiben, grillt sie über offenem Feuer, legt sie ein wie Gewürzgurken (»Pickled Breadfruit«) oder bereitet daraus einen Salat zu.

Fleischeslust

Nicht jedermanns Geschmack, zumal bei tropischer Hitze: »**Pudding and Souse**«, ein typisch barbadisches Gericht aus Schweinskopf, Schweinsfüßen und einer Art Blutwurst mit stark gewürzten Süßkartoffeln im Naturdarm. Überhaupt findet von Borsten- und Federvieh so ziemlich jedes Teil Verwendung in der traditionellen Küche. Zum Repertoire gehören »Pig Tails and

Ears« (Schweineschwänzchen und -ohren) ebenso wie »Chicken Feet« (Hühnerbeine). Vertrauter dürften jene knusprig gegrillten und pikant gewürzten Hühnerkeulen sein, wie man sie am Straßenstand serviert bekommt. In heißem Fett frittierte Hühnerteile haben sich als Fast Food vor allem auf Barbados durchgesetzt. Rindfleisch, bevorzugt riesige Rib-Eye- oder T-Bone-Steaks wie in den USA, bekommt man dagegen nur in den gehobenen Touristenlokalen. »**Surf and Turf**« nennt sich der eiweißlastige Mixed Grill mit Steak und Scampi oder Hummer. Zu Fleisch wie Fisch werden Salate, Pommes frites oder Gemüse serviert.

Einen Touch raffinierter wirkt die französisch-kreolisch inspirierte Küche St. Lucias, wo Lamm, Langusten und Steak auch einmal auf einer feinen Gemüse-Julienne oder in Weinsoße zelebriert werden. Grenada ist stolz auf sein Nationalgericht »**Oil Down**«, ein stundenlang köchelnder Eintopf aus Brotfrucht, Kokosmilch, Okra, Huhn und Innereien vom Schwein. Für den kleinen Hunger zwischendurch eignet sich das pikante »**Roti**«. Wie eine Art karibischer Döner hat sich die mit indischem Curry gewürzte Fleisch- oder Gemüsemischung im dünnen Teigmantel von Trinidad aus auf alle Inseln verbreitet. Scharfe Chilisoßen oder stark gewürzte Chutneys werden separat dazu gereicht.

Fisch und Meeresfrüchte

Immer gute Alternativen sind naturgemäß frischer Fisch und Meeresfrüchte: Das »kulinarische Wappentier« von Barbados ist der »**Flying Fish**« (fliegender Fisch), der gern auch schon zum Frühstück auf den Tisch kommt oder als schneller Snack im Sandwich. Dazu gehört immer »Bajan Seasoning«, eine schmackhafte Kräutermarinade. »Dolphin« (auch: »Mahi-Mahi«) ist nicht etwa Delfin, sondern Goldmakrele. »Kingfish« und »Red Snapper« heißen weitere begehrte Speisefische. »Blackened Fish«, geschwärzter Fisch, ist eine typisch kreolische und sehr leckere Zubereitungsmethode, bei der Fische mit Chili und verschiedenen Kräutern gebeizt werden, bevor sie auf den Grill wandern. Gedämpfter Weißer Seeigel (»Sea Egg«) wird oft an Marktständen verkauft. Hummer, Scampi und Krebse gibt es vor allem in Gourmetlokalen. Eine begehrte Spezialität ist die Schneckenmuschel »**Conch**«, die auf Grenada und St. Lucia auch »**Lambi**« heißt. In Öl ausgebackene Küchlein aus Fisch, Mehl, Zwiebeln und Gewürzen sind als »**Accra**« (auch: »Fish Cakes«) ein idealer Snack für zwischendurch.

WUSSTEN SIE, DASS …

… die barbadische Lieblingsspeise »Flying Fish« als Wappentier des Inselstaates sogar die Briefmarken und die Eindollarmünze ziert?

Süß und flüssig

Nachspeisen sind auf den Antillen meist fruchtiger Natur. Weit verbreitet ist etwa »Coconut Bread«, ein süßes Gebäck aus Kokosraspeln, Mehl, Zucker, Zimt und Muskat. Außerdem gibt es alle erdenklichen Kreationen von Torten, Eiscremes und Sorbets. Der Trend geht dazu, wieder mehr Obst selbst anzubauen

Vor allem auf Grenada (▶ S. 81) dreht sich alles um die Muskatnuss, eine der wichtigsten Gewürzpflanzen der Kleinen Antillen. Sie ziert sogar die grenadische Flagge.

und auf Importe aus Florida zu verzichten. So gibt es überall hervorragende karamellisierte Kochbananen oder ganz einfach frisches Obst wie Papaya, Mango, Ananas oder Stachelannonen (»Soursop«). Grenada produziert auch hervorragende Schokolade mit hohem Kakaogehalt. Zum Essen genießen die Einheimischen gern ein eiskaltes **Bier** der jeweiligen Inselmarke – in Barbados greift man zu Banks, auf St. Lucia liebt man das Piton, auf Grenada vorwiegend Carib. Cola und Limonaden sind überall erhältlich; Fruchtsäfte und das erfrischende Kokoswasser werden oft direkt auf der Straße angeboten. Obwohl das Leitungswasser fast überall gut trinkbar ist, gibt es in den Hotels meist Tafelwasser in Flaschen. Neben den üblichen Softdrinks ist das etwas bitter schmeckende Mauby auf Barbados eine alkoholfreie Alternative. Dafür wird eine besondere Baumrinde in Wasser gekocht und der Sud mit Rohrzucker gesüßt. Für Weinliebhaber sind die Antillen keine wahre Freude; die Auswahl aus Chile, Kalifornien oder Europa ist teuer und nicht wirklich befriedigend. Umso besser und fantasiereicher ist das Angebot an **Cocktails** – der hervorragende **Rum** ist die Basis für Klassiker wie Daiquiri oder Mojito. Den speziellen Kick im Glas geben vor allem auf Grenada Muskat, Nelke, Vanille und Piment – was eben so wächst auf dem Spice Island der Antillen.

Empfehlenswerte Restaurants finden Sie bei den Orten im Kapitel ▶ **Unterwegs auf Barbados, St. Lucia und Grenada.**

Preise für ein dreigängiges Menü ohne Getränke:

€€€€ ab 50 €	€€ ab 20 €
€€€ ab 30 €	€ bis 20 €

grüner reisen

Wer zu Hause umweltbewusst lebt, möchte dies vielleicht auch im Urlaub tun. Mit unseren Empfehlungen im Kapitel grüner reisen wollen wir Ihnen helfen, Ihre »grünen« Ideale an Ihrem Urlaubsort zu verwirklichen und Menschen zu unterstützen, denen ein verantwortungsvoller Umgang mit der Natur am Herzen liegt.

Umweltbewusst in die Karibik – geht das?

Eines vorweg: Tourismus ist für die Antillen der wichtigste Wirtschaftszweig. Es wäre blauäugig zu glauben, dies bliebe ohne Folgen für die sensiblen Ökosysteme der Inseln. Landschaftsverbrauch durch Hotels und Golfplätze, Emissionen durch Fernflug und Klimaanlagen, Abfall und Abwasser – jeder Besucher hinterlässt Spuren. Doch das Bewusstsein für die Umwelt wächst. Sowohl bei Reisenden wie bei »Bereisten«. »Sustainability«, Nachhaltigkeit, heißt das neue Zauberwort. Sicher ist längst nicht alles grün, was mit dem Etikett Öko glänzen möchte. Aber warum sollte sich der politisch korrekte Trend nicht auch rechnen dürfen? Wegbereiter ist zweifellos St. Lucia, die Insel mit den spektakulärsten Naturschätzen: 13 % der Fläche stehen hier als National Rainforest unter Schutz, die Gegend um Soufrière und die Pitons ist sogar UNESCO-Welterbe. Ein ähnliches Potenzial hat Grenada, wobei hier der Wiederaufbau der Landwirtschaft nach den Wirbelstürmen von 2004 und 2005 im Vordergrund steht. Schwerer tut sich das dicht besiedelte Barbados, wo von ursprünglicher Naturlandschaft nicht viel übrig blieb.

ÜBERNACHTEN

Fond Doux Estate ▸ S. 120, A 8

Wohnen wie die Plantagenfürsten: Zehn wunderschön eingerichtete Cottages liegen verstreut auf dem Areal einer Kakaoplantage aus dem 19. Jh. Alles ist aus Holz, statt Air Condition gibt es Deckenventilatoren, und einfach jedes Detail stimmt. Die Häuschen für bis zu fünf Gäste haben große Balkone oder Veranden mit Blick ins Grüne, es gibt drei kleine Swimmingpools, zwei Restaurants und ein Spa, das ausschließlich einheimische Naturprodukte verwendet. Die Besitzer Lyton und Eroline Lamontagne legen Wert darauf, dass auch in den beiden Restaurants möglichst organisch angebautes Obst und Gemüse aus eigenem Anbau auf den Tisch kommt. Wer mag, kann beim Ernten und Verarbeiten der Kakaobohnen Hand anlegen – wie Prinz Charles und Lady Camilla bei ihrer Stippvisite 2008 ...
St. Lucia, Soufrière • Tel. 4 59/75 45 • http://fonddouxestate.com • 10 Cottages • €€€€

La Segesse Nature Center
▸ S. 121, E 8

Auf der stillen Seite Grenadas gelegen, ist das ehemalige Herrenhaus heute ein ideales Stranddomizil für naturverbundene Urlauber. Eingerahmt ist der dunkelsandige Hausstrand von Mangroven, Wald und Bachmündungen. Man kann die naturbelassene Umgebung zu Fuß erkunden, direkt vor der Haustür zu Schnorchel- und Tauchtouren aufbrechen oder einfach nur faulenzen und warten, was Küchenchefin Cecilia aus dem Fang des Tages zaubert.
Grenada, St. David's • Tel. 4 44/64 58 • www.lasegesse.com • 12 Zimmer • €€€

Sea U Guesthouse ▸ S. 119, C 2

Die deutsche Reisejournalistin Uschi Wetzel hat schon viele Strände gesehen. Aber in die unverbaute Atlantikseite von Barbados verliebte sie sich spontan. Ihr kleines Hotel an der weiten Tent Bay baute sie im typisch barbadischen Stil aus tropischen Harthölzern. Die Zimmer und Suiten sind offen, luftig und hell, auf den Veranden sind Hängematten gespannt. Zum Meer sind es rund 100 m, zum Schwimmen ist das Wasser jedoch meist zu unruhig. Jeden Abend gibt es ein dreigängiges kreolisches Menü; alle Zutaten stammen von der Insel. Tipp: Die Suiten im zweiten Stock haben den schönsten Blick auf den weiten Ozean.
Barbados, Tent Bay, Bathsheba • Tel. 4 33/94 50 • www.seaubarbados.com • 7 Zimmer und Suiten • €€

ESSEN UND TRINKEN

Emerald's Restaurant ▸ S. 120, A 8

Das Luxushotel Anse Chastenet hat, wovon andere nur träumen können: eine eigene biologisch kontrollierte Landwirtschaft. Auf der hauseigenen Plantage Anse Mamin werden Bananen, Avocados, Guaven, Papayas, Kokosnüsse, Tamarinden und Zitrusfrüchte angebaut. Im vegetarischen Restaurant Emerald's werden Früchte und Gemüse angemessen zelebriert, angereichert mit Tofu und leckerem Ziegenkäse.
St. Lucia, Soufrière, Anse Chastenet • Tel. 4 59/70 00 • www.ansechastenet.com • €€€

Belmont Estate ▸ S. 121, E 8

Die Plantage, auf der vor allem Muskatnuss, Kakao und Obst angebaut werden, kann zuerst im Rahmen einer

Führung besucht werden, bevor das karibische Mittagsbuffet eröffnet wird: Huhn, Lamm, Fisch, Gemüse – alles frisch und ökologisch korrekt angebaut, aufgezogen und gefischt.
Grenada, St. Patrick's, Belmont • Tel. 4 42/95 24 • www.belmont estate.net • So–Fr 8–16 Uhr, Lunch ab 12 Uhr, Dinner nur mit Reservierung ab 10 Personen • €€

EINKAUFEN

Arawak Islands Ltd. ▸ S. 121, D 8

Alles rund um die Gewürze Grenadas: Naturkosmetika, Seifen, Lotionen, Öle und Parfüms aus Muskat, Vanille, Nelken, Kokosnuss oder Zimt – alles liebevoll handgemacht. Dazu gibt es eine reiche Auswahl von Küchengewürzen und scharfen Soßen, ganz ohne künstliche Zusätze. Allein schon Erlebnis für alle Sinne: Der Sitz des kleinen Unternehmens, wo Besucher bei Herstellung und Verpackung der Produkte zusehen dürfen.
Grenada, St. George's, Frequente Industrial Park • www.arawak-islands.com

Grenada Chocolate Company
▸ S. 121, E 8

Die Schokoladen aus organisch-biologischem Kakaoanbau bringen es auf einen Kakaoanteil von bis zu 82% – kein Wunder, dass die Tafeln auch bei tropischen Temperaturen nicht gleich schmelzen. Das komplexe und beinahe fruchtige Aroma des Endprodukts ist nicht zu vergleichen mit Industrieware aus dem Supermarkt. Die kleine Fabrik ist für Besucher geöffnet; Mitarbeiter erklären gern den Verarbeitungsprozess. Probieren und einkaufen ist erwünscht.
Grenada, St. Patrick's, Hermitage • www.grenadachocolate.com

AKTIVITÄTEN

Fregate Islands und Maria Islands ▸ S. 120, C 8

Vor der wenig besiedelten Ostküste St. Lucias lassen sich in den Sommermonaten auf den unter Naturschutz stehenden Fregate Islands große Kolonien von Fregattvögeln beobachten. Die eleganten Flugakrobaten haben eine Flügelspannweite von bis zu 2 m. Auch auf den vor dem Südkap gelegenen Maria Islands können Bird Watcher ihrem Hobby nachgehen; außerdem leben auf den ariden Flecken endemische (ungiftige) Schlangen, Geckos und eine prächtig gefärbte Eidechsenart.
St. Lucia, Castries, St. Lucia National Trust • Tel. 4 52/50 05 • www.slunatrust.org

Heritage Tours ▸ S. 120, B 6

Der Zusammenschluss einheimischer Veranstalter und Hoteliers mit kultureller und ökologischer Ausrichtung bietet eine Vielzahl unterschiedlicher Tages- und Halbtagestouren rund um die Insel an. Besonders lohnend: »Turtle Watch« an der Grand Anse Bay, die nächtliche Beobachtung der riesigen, bis zu 700 kg schweren Lederschildkröten, die hier von März bis August zur Eiablage an Land kommen. Im Fond Latisab Creole Park gibt es interessante Einblicke in kreolisches Bio-Essen, z. B. in die Herstellung von Kassawabrot aus Maniok, das Kochen von Macamboublättern oder das Fangen von Flusskrebsen. Ein anderes Highlight: die schweißtreibende Besteigung des Gros Piton in Begleitung eines Führers aus der Rasta-Gemeinde Fond Gens Libre.
St. Lucia, Castries, La Clery, Heritage Tours • Tel. 4 58/14 54 oder 2 85/60 58 • www.heritagetoursstlucia.org

Die Grenada Chocolate Company (▶ S. 20) produziert leckere Schokolade und Kakaopulver aus organisch-biologischem Anbau.

National Rainforest ▶ S. 120, B 8

Sieben recht gut markierte Wanderwege erschließen den Regenwald von St. Lucia: Der vielleicht schönste ist der Barre de l'Isle Trail. Der beschilderte Startpunkt liegt direkt an der Straße von Castries nach Dennery, ca. 30 Autominuten von Castries entfernt. Die knapp dreistündige Wanderung (hin und zurück) durch üppige Tropenvegetation ist einfach, der Blick zum 950 m hohen Mount Gimie vom Aussichtspunkt Morne La Cambe phänomenal. Viel Glück braucht man, um dem Wappentier der Insel zu begegnen: Der endemische blau-grüne St. Lucia-Papagei macht sich im grünen Dickicht rar. Für die meisten anderen Wanderungen sollte man ortskundige Führer engagieren.
St. Lucia, Forestry Department •
Tel. 4 68/56 48 • www.slumaffe.org

Sunday Hike ▶ S. 118, E 3

Die geführten Sonntagswanderungen im Hinterland von Barbados sind seit 1983 eine feste Einrichtung. Ehrenamtliche Guides des National Trust kennen die Insel wie ihren eigenen Vorgarten und haben unterwegs immer gute Storys auf Lager. Die rund dreistündigen Touren sind in vier Schwierigkeitsstufen eingeteilt, los geht es immer um 6 Uhr früh und um 15.30 Uhr. In Vollmondnächten findet zusätzlich ein Moonlight Hike statt (Taschenlampe mitnehmen!). Jeden Sonntag wird ein anderer Rundkurs angeboten – langweilig wird es also nie. Der Sunday Hike ist kostenlos, Spenden für den National Trust sind jedoch willkommen.
Barbados, Wildey, Wildey House,
Barbados National Trust • Tel. 4 26/
24 21 • www.trust.funbarbados.com

Einkaufen
Die beliebtesten Mitbringsel von den Kleinen Antillen sind Modeschmuck, Schnitzereien aus Tropenholz, Korbwaren oder Batiktextilien. Oder wie wäre es mit einer Flasche Rum aus dem Eichenfass?

◂ Verkauft wird, was der Garten hergibt: Auf den Märkten wie hier in Holetown (▸ S. 48) blüht das Kleingewerbe.

Naturkosmetik steht in St. Lucia und Grenada hoch im Kurs, Gewürze, Kakao und Schokolade ohnehin. Souvenirs mit pikanter Note und langer Haltbarkeit sind barbadische Chilisoßen und Kräutermarinaden (»Bajan Seasoning«). Dauerhaft Freude machen auch CDs mit aktuellen Soca-, Calypso- und Steelband-Rhythmen.

Fachgeschäfte haben generell Mo–Fr 9–17 Uhr und Sa 8–13 Uhr geöffnet, in Rum Shops, einer Mischung aus Kneipe und Dorfladen, bekommt man rund um die Uhr das Allernötigste.

Hauptstadt-Shopping und Duty free

Die größte Auswahl an Waren aller Art findet man in den Inselhauptstädten. In Bridgetowns Broad Street gibt es mit Cave Shepherd sogar ein veritables Kaufhaus. Nebenan, bei Harrison's, erhält man Spirituosen, Schmuck und Parfüm zu Duty-free-Preisen. (Die versiegelte Ware wird pünktlich am Rückflug-Gate hinterlegt.) Souvenirs und Nippes, nicht selten made in China, stehen im Pelican Crafts Centre an der Harbour Road. Bessere Qualität und authentisches Kunsthandwerk findet man eher im Tyrol Cot Heritage Village.

In St. George's, der Hauptstadt Grenadas, spielt sich das kommerzielle Leben vor allem an der Young Street ab. Tikal und Art Fabric sind die bekanntesten Adressen, wenn es um farbenfrohe Batikmode, leidlich originelles Kunsthandwerk und Souvenirs geht. Die unvermeidlichen Gebinde und Körbe mit **Gewürzen** sollte man entweder von den zahlreichen Händlern auf dem Market Square oder direkt in der Muskatnuss-Kooperative von Grenville erstehen. In Castries auf St. Lucia gibt es alles, was das Touristenherz begehrt, am Point Seraphine, in praktischer Reichweite des Kreuzfahrtterminals.

Leider findet man in manchen Geschäften noch immer Souvenirs fragwürdiger Herkunft: Haigebisse, Korallenketten, exotische Muscheln. Mit dem Kauf solcher Objekte kann man sich sogar strafbar machen! Nach dem Washingtoner Artenschutzabkommen sind der Handel und die Einfuhr von Schildpatt, Schwarzer Koralle, Fechterschnecken (»Conch«) und von Produkten daraus verboten. Also keine Souvenirs aus dem Meer!

Keramik aus Barbados

Diese Mitbringsel sind garantiert legal. Natürlicher Ton wird auf Barbados seit der Kolonialzeit abgebaut; die Töpfereien liegen direkt am Chalky Mount, dem Kreidefelsen. Das Atelier Earthworks Pottery verbindet afrikanisch inspirierte Formen wie den Monkey Jar (»Affenkrug«) mit zeitgemäßen Designs im Ethno-Look. Wer die Ware nicht mit ins Handgepäck nehmen möchte, kann sie sich auch nach Hause schicken lassen (2, Edgehill Heights, St. Thomas, www.earthworks-pottery.com).

Empfehlenswerte Geschäfte und Märkte finden Sie bei den Orten im Kapitel ▸ **Unterwegs auf Barbados, St. Lucia und Grenada.**

Feste und Events
Bekannt sind die Kleinen Antillen bei uns vor allem für ihren farbenprächtigen Karneval, feiern können die Einwohner aber auch ohne Anlass. Nie fehlt dabei die mitreißende karibische Musik.

◄ Auf Barbados (► S. 35) weiß man zu feiern. Bunt, fröhlich und im Rhythmus der mitreißenden Musik.

JANUAR
Grenada Sailing Festival, Grenada

Internationale Segelregatta mit großem Rahmenprogramm für Teilnehmer wie Zuschauer. Gute Stimmung und fröhliche Partys rund um den Jachthafen Port Louis Marina bei St. George's.
Ende Januar • www.grenadasailing festival.com

MAI
St. Lucia Jazz Festival, St. Lucia

Das Line-up der vergangenen Jahre liest sich wie ein »Who's who« aus Jazz und Latin, aber auch aus den Grenzbereichen zu Pop und Rock. Die Hauptbühne steht auf Pigeon Island.
Anfang Mai • www.stluciajazz.org

JULI
Lucian Carnival, St. Lucia

Ganz Castries tanzt, vibriert und maskiert sich einen Monat lang. Am J'Ouvert (entspricht in etwa unserem Rosenmontag) ist ab 4 Uhr morgens beim Straßenkarneval (fast) alles erlaubt.
www.luciancarnival.com

JULI/AUGUST
Spicemas, Grenada

Eine Nummer kleiner und als bodenständiger als auf St. Lucia gilt der Karneval auf Grenada.
ca. 20. Juli–10. August • www.spicemasgrenada.com

Crop Over Festival, Barbados
► MERIAN-Tipp, S. 25

> **WUSSTEN SIE, DASS ...**
>
> ... die bei vielen barbadischen Festen verwendeten Steeldrums aus leeren Ölfässern auf Trinidad erfunden wurden? Die Schwarzen dort durften nicht auf afrikanischen Schlaginstrumenten trommeln.

NOVEMBER
Barbados Food & Wine & Rum Festival, Barbados

Musik, Tanz und Showcooking mit Schwerpunkt Platinum Coast.
Mitte Nov. • www.foodwinerum.com

Independance Day, Barbados

Paraden und Musik in Bridgetown.
30. Nov.

> **MERIAN-Tipp**
>
> **CROP OVER FESTIVAL, BARBADOS**
>
> Eigentlich das Erntedankfest der Zuckerrohrpflanzer, hat sich Crop Over zu einem der bedeutenden Karnevale der Karibik entwickelt. Gefeiert wird von Mitte Juli bis zum grandiosen Kadooment Day, dem Höhepunkt des Festes mit Straßenparaden am ersten Montag im August. Weitere Höhepunkte sind die Kostüm- und Calypso-Wettbewerbe im National Stadium (Tageskarten ab ca. 15 €). Zum wilden Straßenkarneval trifft sich das Partyvolk am letzten Wochenende am Spring Garden Highway.
> Mitte Juli bis Anfang August • National Cultural Foundation • www.barbados.org/cropover.htm

Sport und Strände
Naturgemäß steht auf den Antillen Sport im und am Wasser im Vordergrund. Wandern und Trekking ist auch gut möglich, wobei Grenada und St. Lucia landschaftlich am interessantesten sind.

◀ Auf St. Lucia gibt es schöne Strecken für Mountainbiker, z. B. auf dem Gelände des Anse Chastenet Resort (▶ S. 78).

Die Könner unter den Surfern und Windsurfern werden sich über die Atlantik-Wellen an den Ostküsten freuen, für Landsportler gibt es nicht nur Golf und Tennis, man kann auch wandern und radeln.

GOLF

Golf kann man in Grenada an der Grand Anse auf dem 9-Loch-Platz des Spice Island Beach Resorts (www.spiceislandbeachresort.com) spielen. Auf St. Lucia ist der exklusive Golf & Country Club (www.stluciagolf.com) die beste Adresse. Barbados hat gleich drei 18-Loch-Plätze, von denen der prominenteste zum Royal Westmoreland Golf and Country Club gehört und von Robert Trent Jones jr. anspruchsvoll gestaltet wurde (www.royalwestmoreland.com).

LIMING

So heißt die hohe Kunst des Nichtstuns – die absolute Lieblings-»Sport«art vieler Antillaner. Als erlaubt gelten beim korrekten Liming das Bier- oder Rumtrinken am Strand, plaudern und Witze reißen mit Freunden, flirten oder maximal eine Partie Domino irgendwo im Palmenschatten. Wer Liming mit einer versteckten Absicht betreibt, wird sofort disqualifiziert ...

WUSSTEN SIE, DASS ...

... »Road Tennis« auf Barbados erfunden wurde? Die Regeln entsprechen in etwa dem Tischtennis, gespielt wird auf Asphalt.

MERIAN-Tipp

MULLINS BEACH BAR
▶ S. 118, C 4

Der Strand ist zwar keine herausragende Schönheit, und wahrscheinlich gibt es anderswo auch bessere Cocktails und nettere Barleute. Trotzdem kommt man an der Mullins Beach Bar einfach nicht vorbei – womöglich ist es ja einfach die Lage am nördlichen Ende der Platinum Coast. Oder es liegt am praktischen großen Parkplatz auf der anderen Straßenseite. Vielleicht ist es aber doch der legendären Sonnenuntergang, genossen mit Rum-Drinks wie Wytini Sunset und See ya in da Morning ...
Mullins, St. Peter, Barbados • Tel. 4 22/20 44 • www.mullinsbarbados.com • €€

MOUNTAINBIKING

Bike St. Lucia ▶ S. 120, A 8
Landschaftlich wunderschöne Bikestrecken verschiedener Schwierigkeitsgrade findet man auf dem Areal der pittoresk verwilderten Kakaoplantage Anse Mamin auf St. Lucia. Das Leihmaterial ist hervorragend in Schuss, und das Personal weiß, wovon es spricht.
Anse Mamin • Tel. 4 57/14 00 • www.bikestlucia.com

SURFEN, WINDSURFEN & CO.

Soup Bowl, Suppenschüssel, heißt der bekannteste Surf-Spot von Barbados. Hier bei **Bathsheba** [3] an der Ostküste werden sogar internationale Wettkämpfe für Profi-Wellenreiter ausgetragen. Anfänger sollten sich erst einmal an der ruhi-

MERIAN-Tipp

SONNENUNTERGANG AN DER MORNE ROUGE BAY 🍴🏖
▶ S. 121, D 8

Man könnte ihn fast übersehen – dabei liegt Grenadas vielleicht schönster Strand in einer halbmondförmigen, von sattgrünen Bäumen eingerahmten Bucht gerade mal 2 km südlich von der Grand Anse, von ihr nur durch eine felsige Landzunge getrennt. Vor allem unter der Woche ist es hier meist recht still; Kindern gefällt das deutlich ruhigere Meer besser als an der Grand Anse. Eines der Highlights des Strandes an der Morne Rouge Bay ist der schönste Sonnenuntergang der Insel.

geren Südküste versuchen; Bretter verleihen zahlreiche Surfshops. Die bevorzugten Spots der Wind- und Kitesurfer liegen an der Südküste, bei Maxwell und Oistins. Am verlässlichsten bläst der Wind zwischen Dezember und Juni.

Zed's Surfing Adventures
▶ S. 119, F 2

Surfers Point, Inch Marlowe, Christ Church, Barbados • Tel. 4 28/78 73 • www.barbadossurfholidays.com

De Action Shop   ▶ S. 119, F 2

Brian »Irie Man« Talma, Silver Sands, Barbados • Tel. 4 28/20 77 • www.briantalma.com

TAUCHEN UND SCHNORCHELN

Direkt vor der Haustür des Hotels Anse Chastenet auf St. Lucia liegt eines der schönsten Tauchriffe in nur 5–7 m Tiefe (www.scubastlucia.com). Das Wrack des 1961 vor Grenada gesunkenen, 180 m langen Kreuzfahrtschiffs »Bianca C« gilt Tauchsportlern als eines der attraktivsten künstlichen Riffe der Karibik – von der Grand Anse ist der Spot in wenigen Bootsminuten erreichbar (www.divegrenada.com).

Vor der Westküste von Barbados liegt der Folkestone Marine Park mit dem versenkten Frachter Stavronikita. Für Schnorchler gibt es einen Riff-Lehrpfad. An Land informiert ein Museum über die Bewohner der Korallenriffe (www.divebds.com).

STRÄNDE

Die schönsten Badeplätze von Barbados, St. Lucia und Grenada erstrecken sich entlang der West- und der Südküste zur Karibischen See.

BARBADOS
Der Westen – Platinum Coast
▶ S. 118, B 4–S. 119, D 4

Die riffgeschützte Westseite nördlich von Bridgetown, wegen der exklusiven Resorts auch Platinum Coast genannt, eignet sich aufgrund des ruhigen Wassers besonders gut zum Schwimmen und Schnorcheln. In der Hochsaison kann es hier allerdings eng werden. Alle Strände sind öffentlich. Wenig idyllisch ist die Verkehrssituation auf der Küstenstraße – häufig ein einziges Stop and Go. Die prominentesten Strände (von Süden nach Norden): Brandon's Beach, Paynes Bay, Sandy Lane Bay und Mullins Bay.

Der Süden   ▶ S. 119, E 1–F 3

Südlich von Brigdetown werden die Strände weiter, Hotels und Publikum bodenständiger. Accra und Dover Beach sind für Kinder geeignet, da sie relativ flach abfallen. Die Casuarina Beach (auch: Maxwell Beach) bietet selbst in der Hochsaison meist noch viel Platz. Bei Einheimischen beliebt ist die Miami Beach, wo »Mr. Delicous«, ein zur Snackbar umgebautes Bus-Wrack, die Badegäste bewirtet. Der Abstecher an die Südwestküste lohnt sich allein schon wegen der pinkfarbenen **Crane Beach** 2 (▸ S. 45) und der schneeweißen Long Bay mit ihren hohen Kokospalmen – mehr Karibik geht nicht ...

ST. LUCIA
Anse Chastenet ▸ S. 120, A 4
Dunkler Sand, Palmen, ein Korallenriff zum Schnorcheln, dazu das perfekte Catering durch das gleichnamige Luxushotel – ein Strand wie aus dem Tropen-Bilderbuch.

Reduit Beach ▸ S. 120, B 1
5 km langer weißer Sandstrand und das touristische Zentrum der Insel, durch eine Lagune vom Jachthafen Rodney Bay Marina getrennt.

GRENADA
Bathway Beach ▸ S. 121, F 7
Stiller und weitläufiger Strand an der kaum besuchten Nordküste im Levera National Park. Tolle Brandung, gefahrloses Baden aber in felsigen Gumpen möglich. Wenig Schatten. Die Snackbar öffnet unregelmäßig. An Wochenenden belebter, wenn einheimische Familien zum Picknick ausschwärmen.

Grand Anse ▸ S. 121, D 8
Der perfekte 3 km lange Sandstrand mit zahlreichen Hotels und Restaurants ist der Laufsteg Grenadas – hier ist immer etwas los. Nicht zu unterschätzende Brandung.

Die Mullins Beach Bar (▸ MERIAN-Tipp, S. 27) ist nicht nur zur Sonnenuntergangszeit ein äußerst beliebter Treffpunkt von Sonnenanbetern und Genießern.

Familientipps
Die meisten Kinder sind glücklich und zufrieden, wenn sie im Sand spielen und im warmen Wasser plantschen können. Interessante Ausflüge ins Landesinnere runden den perfekten Urlaub ab.

◄ Früh übt sich, wer mal tauchen will. Beim Schnorcheln (▶ S. 28) lernen Kinder die Unterwasserwelt kennen.

Atlantis Submarine Tour
▶ S. 119, E 4

Tauchen und dabei nicht nass werden? Auf Barbados geht das. Die Fahrt mit dem speziell für Touristen gebauten Unterseeboot »Atlantis III« mit seinen Panoramafenstern dauert rund 40 Minuten und führt in Tiefen bis zu 45 m. Allerdings ist der der Preis stolz, und zu sehen gibt es meist wenig Spektakuläres.
Barbados, Bridgetown, The Shallow Draught, Atlantis Submarines • www.atlantisadventures.com • Ticket 104 US$, Kinder 52 US$

Barbados Wildlife Reserve
▶ S. 118, B 3

Eine Mischung aus Zoo und Wildpark: Hier lassen sich u. a. Kaimane, Gürteltiere, Leguane, Schildkröten, Agutis, Papageien und Pelikane beobachten. Die Hauptattraktion sind die Horden Grüner Meerkatzen, die vollkommen ohne Scheu vor Besuchern in den Mahagonibäumen des Areals herumturnen. Die Primaten gelangten vor rund 350 Jahren auf Sklavenschiffen aus ihrer Heimat Westafrika in die Karibik. Besonders auf Barbados vermehrten sich die blinden Passagiere mangels natürlicher Feinde quasi in affenartigem Tempo. In der Kolonialzeit galten sie wegen ihres Appetits auf Plantagenobst als Plage und wurden gejagt. Auch heute sind Kleinbauern nicht allzu gut auf ca. 5000 frei lebende Tiere zu sprechen, die gelegentlich Obstgärten regelrecht überfallen. Kinder finden die drollig aussehenden Fellträger jedoch »total süß« ...
Barbados, St. Peter, Farley Hill • tgl. 10–17 Uhr • Eintritt 26 BD$, Kinder 11,50 BD$

Tauchen für Kinder
▶ S. 119, F 4

Immer ein Erlebnis: schnorcheln in glasklarem Wasser. Jede Menge bunter Fische gibt es zu sehen. Kinder, die mehr sehen und erleben wollen, können einen Tauchkurs belegen. Flaschentauchen im Pool kann man bereits ab 8 Jahren, ab 10 sogar im Freiwasser. Gut auf Kinder eingestellt sind die Tauchlehrer am Hilton von Barbados. Hier liegt das ruhige Tauchrevier fast vor der Haustür.
Barbados, Needham's Point Pebbles Beach (Hilton Hotel), Barbados Blue • www.divebarbadosblue.com • Kurse ab 72 US$, Einführung für Hilton-Gäste inklusiv

Turtle Cruise
▶ S. 119, E 4

Ein besonderes Erlebnis, nicht nur für Kinder: Auge in Auge mit Leder- und Karettschildkröten durch das glasklare Wasser vor der Platinum Coast zu schnorcheln. Die an Land so schwerfällig wirkenden Tiere entwickeln im Wasser eine erstaunliche Eleganz. Vor den nicht ganz so eleganten Schnorchlern haben sie offenbar überhaupt keine Scheu; man kann ihre Panzer im Vorbeischwimmen problemlos berühren. Im Preis der »Turtle Cruise« auf dem Katamaran »Tiami« inbegriffen: Getränke und Snacks, Schnorchelausrüstung.
Barbados, Bridgetown, Turtle Cruise • www.tallshipscruises.com • Ticket 60 US$, Kinder 45 US$

👫 Weitere Familientipps sind durch dieses Symbol gekennzeichnet.

Die Jachten in der Bucht von Malgrétout vor dem vulkanischen Bergkegel Petit Piton (▶ S. 76) ankern hier nicht, sondern machen an den Palmen fest.

Unterwegs auf **Barbados, St. Lucia und Grenada**

Barbados, die britische, St. Lucia, die landschaftlich wilde, und Grenada, die Gewürzinsel: Jede Insel hat ihren ganz eigenen Charme und lohnt einen Besuch.

Barbados: Bridgetown & Westen

Gegensätze ziehen sich an: Barbados ist britisch und gediegen mit viel Historie einerseits, weißen Sandstränden und blauen Buchten mit Palmen andererseits.

◂ Bridgetowns Naturhafen, die Careenage (▸ S. 35), lädt mit den hölzernen Boardwalks zum Bummeln ein.

Der erste Eindruck? Von Karibik-Feeling keine Spur … Wie sehr der Tourismus die Insel prägt, wird schon auf der Fahrt vom Flughafen in Richtung Norden spürbar. Der Verkehr auf dem engen Highway 7 wäre einer Großstadt zur Rushhour würdig. Drive-in-Restaurants, Hotels und eine Flut von Werbetafeln lassen ehemalige Fischernester zu einer einzigen Siedlung zusammenrücken. Doch dann: Schneeweiße Sandbuchten blitzen auf, das Meer leuchtet in allen erdenklichen Blautönen – man passiert die Südküste, die traditionelle Amüsiermeile der Insel, wo Unterkünfte noch bezahlbar und die Nächte lang sind. Die Hauptstadt Bridgetown, für karibische Verhältnisse fast schon eine Metropole, wirkt wie ein tropisches Mini-London. Eine ebenso britisch anmutende Welt für sich sind die Luxus-Resorts an der **Platinum Coast** 1, samt Tea-Time, gepflegten Golfplätzen und gediegenen Preisen. Gut zu wissen: Selbst vor der nobelsten Haustür sind die Strände öffentlich zugänglich.

Bridgetown ▸ S. 119, E 4

150 000 Einwohner
Stadtplan ▸ S. 37

Die erste Siedlung am Constitution River, der eigentlich nur ein Meeresarm ist, gründeten britische Kolonisten 1628. Die Arawak-Indianer sollen zuvor bereits eine primitive Brücke über den »Fluss« gebaut haben – daher der Name der heutigen Inselhauptstadt. Der gut geschützte Naturhafen, die **Careenage** (von engl. to careen: ein Schiff auf die Seite legen, ausbessern), entwickelte sich in der Folge prächtig. Hier wurden Segelkähne mit Zucker, Rum und Melasse beladen, Sklaven aus Westafrika wie Vieh gehandelt und nach Nordamerika weiterverschifft.

Heute ist Bridgetown vor allem ein bedeutender Finanzplatz; als unübersehbares Symbol des Wohlstands überragt die elfstöckige Zentralbank die Innenstadt. Tagsüber ist immer etwas los in den Einkaufsstraßen rund um die Broad Street, angenehm bummeln kann man auf den hölzernen Boardwalks am Hafenbecken. Nach Sonnenuntergang werden allerdings die Bürgersteige hochgeklappt. Nur ein paar Lokale wie das Waterfront Café (▸ MERIAN-Tipp, S. 38) an der Careenage oder der Club Harbour Lights an der Bay Street lohnen dann den Besuch. In diesen Szenetreffs mit ihren Terrassen kann man den Tag entspannt bei Livemusik und Cocktails ausklingen lassen.

MUSEEN

Barbados Museum ▸ S. 119, E 3

Liebevoll zusammengestellter historisch-naturwissenschaftlicher »Rundumschlag« im einstigen Mili-

BARBADOS: BRIDGETOWN & WESTEN

MERIAN-Tipp

KRICKET IM KENSINGTON OVAL
▶ S. 119, E 4

Kann man Kricket überhaupt verstehen? Wer nicht aus einem Land des Commonwealth stammt, dem wird es möglicherweise immer ein Rätsel bleiben: Was genau treiben die gut gepolsterten Herren auf dem gepflegten Rasen? Wer ist der Batsman, was ist ein Wicket? Wie viele Runs braucht man, um zu gewinnen? Und warum dauert ein Testspiel gegen Australien oder Pakistan bis zu fünf Tage lang? Fragen über Fragen – und eine gute Gelegenheit, mit den kricketverrückten Bajans ins Gespräch zu kommen. Gespielt wird fast jedes Wochenende, das futuristisch anmutende Kensington Oval wurde eigens für die WM 2007 neu gestaltet. Übrigens: Einer der erfolgreichsten Kricketspieler aller Zeiten ist ein waschechter Bajan: Sir Garfield Sobers (geb. 1936) – fast so etwas wie ein Franz Beckenbauer der englischsprachigen Karibik.
Fontabelle Road • www.bca cricket.org, Regelkunde auf deutsch www.cricket.de • Tagestickets ab ca. 20 BD$

tärgefängnis am Rande des ehemaligen britischen Truppengeländes Garrison Savannah. Gezeigt werden archäologische Funde sowie Exponate zu Alltagskultur, Architektur und Wirtschaft. Tipp: Postkarten mit historischen Motiven, Reproduktionen alter Gemälde und Schmuck im Museumsshop.
The Garrison Savannah • www.barbmuse.org.bb • Mo–Sa 9–17, So 14–18 Uhr • Eintritt 11,50 BD$, Kinder 5,75 BD$

George Washington House
▶ S. 119, E 4

Einer der frühesten und prominentesten Barbados-Touristen war der spätere erste Präsident der Vereinigten Staaten, George Washington (1732–1799). Er begleitete 1751 seinen Stiefbruder Lawrence, der im Tropenklima eine Tuberkulose auskurieren sollte, und blieb für zwei Monate. Zahlreiche Exponate belegen die historischen Bande zwischen Barbados und dem großen Bruder USA.
Bush Hill House (The Garrison) • www.georgewashingtonbarbados.org • Mo–Fr 9–16.30 Uhr • Eintritt 20 BD$, Kinder 5 BD$

Tyrol Cot & Heritage Village
▶ S. 119, E 4

Das koloniale Landhaus (1854) im klassizistischen Stil bewohnte von 1929 bis 1990 die Familie des Landesvaters und ersten Premierministers Sir Grantley Adams. Gleich neben dem ehemaligen Wohnhaus wird im Heritage Village hochwertiges Kunsthandwerk gefertigt. Die Läden sind in schmucken Chattel Houses untergebracht, den typisch barbadischen mobilen Holzhütten, wie sie nach 1840 von befreiten Sklaven bewohnt wurden.
Codrington Hill • Mo–Fr 9–17 Uhr • Eintritt 11,50 BD$, Kinder 5,75 BDS

SPAZIERGANG

Stadtplan ▶ S. 37

Der Rundgang beginnt am **National Heroes Square**, benannt nach den

Barbadiern, die in den Weltkriegen aufseiten der Alliierten fielen. Ihnen gewidmet ist der Obelisk in der Mitte des Platzes. Ein hübscher Delfinbrunnen, schlicht **The Fountain** genannt, erinnert an die Inbetriebnahme des Wasserleitungsnetzes 1861. Der Hauptdarsteller auf dem zentralen Platz ist freilich ein anderer: **Lord Horatio Nelson** (geb. 1758), jener britische Admiral, der 1805 zwar den Erzfeind Frankreich vor Trafalgar vernichtend schlug, dabei aber sein Heldenleben aushauchte. Die patriotischen Kolonisten zeigten sich davon so berührt, dass sie die Bronzestatue bereits 1813 aufstellen ließen – immerhin 27 Jahre vor der viel berühmteren Nelsonsäule in Londons City. Naturgetreu ist die Darstellung des leeren rechten Ärmels des Seebären: Den Arm hatte er dem Vaterland bereits 1797 geopfert. Kontrovers diskutiert wird das Denkmal des imperialen Haudegens hingegen seit der Unabhängigkeit der Insel. Einmal wurde sein Podest sogar um 180 Grad gedreht, sodass der ungeliebte Bronzemann sich nun von der Hauptstraße Broad Street abwendet. Und erst 1999 wurde der National Heroes Square per Dekret umbenannt – wie in London hieß er bis dahin nämlich Trafalgar Square.

Die beherrschenden Bauten am National Heroes Square sind die **Parliament Buildings,** der Sitz des barbadischen Parlaments. Im neugotischen Stil 1874 fertiggestellt, stehen die Gebäude für die demokratische Tradition des Inselstaates. Mitspracherecht hatte bis zur Unabhängigkeit freilich nur die weiße Minderheit. Sitz der beiden Kammern des Parlaments ist der Osttrakt, der Westtrakt ist als National Heroes Gallery (Mo–Fr 10–17 Uhr, Eintritt frei) der Öffentlichkeit zugänglich.

Über den Constitution River führen zwei Brücken: die vom Independance Arch bekrönte schmale Chamberlain Bridge, die 2006 als bewegliche Swing Bridge neu gebaut wurde, sowie die mehrspurige Charles Duncan O'Neil Bridge. Das kleine **Fort Willoughby,** das an der Spitze der Mole einst die Hafeneinfahrt sicherte, wird nun von der

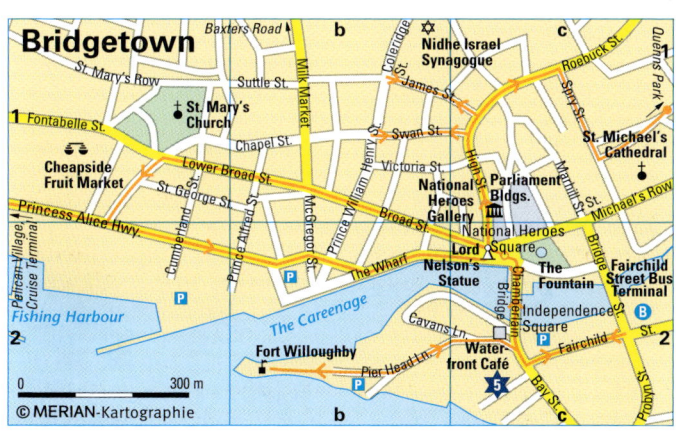

Küstenwache benutzt. Östlich der O'Neil Bridge liegt der Fairchild Bus Terminal, der zentrale Busbahnhof der Insel. Die Bahnhofsgegend ist geprägt von Straßenständen und fliegenden Händlern; die sich anschließende Nelson Street ist als einziger Rotlichtbezirk im ansonsten so biederen Barbados von Touristen definitiv zu meiden.

Hinter dem Rücken Lord Nelsons, in der gar nicht so breiten **Broad Street,** spielt sich das Geschäftsleben Bridgetowns ab. Juweliere, Boutiquen, Banken, ein Kaufhaus und Da Costas Mall mit seiner schmucken viktorianischen Fassade locken das Publikum u.a. mit zollfreier Ware an. Am Ende der Broad Street steht rechter Hand die im georgianischen Stil erbaute **St. Mary's Church** (1827) mit ihrem parkähnlichen Friedhof. Gleich gegenüber werden im Cheapside Fruit Market vor allem vormittags lautstark Mangos, Papayas, Brotfrucht & Co. angepriesen. In Richtung des neuen Kreuzfahrtterminals, des Deep Water Harbours mit dem angrenzenden Gewerbegebiet, liegen die bunten Basar-Häuschen von **Pelican Village,** wo man Souvenirs und Kunsthandwerk kaufen kann – allerdings eher von zweifelhafter Qualität.

Zurück am National Heroes Square sollten Sie nördlich der Parliament Buildings einen Blick in die Roebuck und Swan Street werfen, wo noch einige alte Geschäftshäuser mit Holzbalkonen aus dem 19. Jh. zu finden sind. Typisch ist die Kombination aus ebenerdigem Laden und privatem Wohnraum im Obergeschoss, versteckt hinter Veranda und Fensterläden. Auf dieser Seite des Zentrums erledigen Einheimische ihre Alltagseinkäufe, typisch barbadische Kleinunternehmer, Hucksters, bringen gut gelaunt Süßigkeiten und Getränke unter die Leute. Händler mit sperrigen Karren verkaufen Kokosnüsse, deren erfrischenden Saft man direkt aus der aufgeschlagenen Frucht trinkt.

Parallel zur Swan Street, an der James Street, liegt der Zugang zur **Nidhe Israel Synagogue.** Das jüdische Gotteshaus wurde 1834 auf den Ruinen einer ersten Synagoge von 1654 errichtet und zählt damit zu den ältesten seiner Art in der Neuen Welt. Auf der Flucht vor der Inquisition waren spanische Juden im 16. Jh. zunächst ins damals niederländische Brasilien geflohen. Als sie nach Portugals Machtübernahme von dort erneut vertrieben wurden, bot ihnen ausgerechnet Oliver Cromwell, sonst nicht gerade ein Vorbild an Toleranz, Unterschlupf

---

MERIAN-Tipp

WATERFRONT CAFÉ ▶ S. 37, c 2

Relaxtes Terrassenlokal in historischem Lagerhaus direkt am Jachthafen, beliebt bei Einheimischen und Touristen. Cocktails, Weine und Bier. Empfehlenswerte Tagesgerichte, Suppen und barbadische Spezialitäten – Tipp: würzige Bajan Fish Cakes und der kreolische Eintopf Pepperpot. Mittwochs, freitags und samstagabends Live-Jazz, donnerstags Dixieland, dienstags Steel-Band und großes barbadisches Buffet.
The Careenage • Tel. 4 27/00 93 • www.waterfrontcafe.com.bb •
€€€

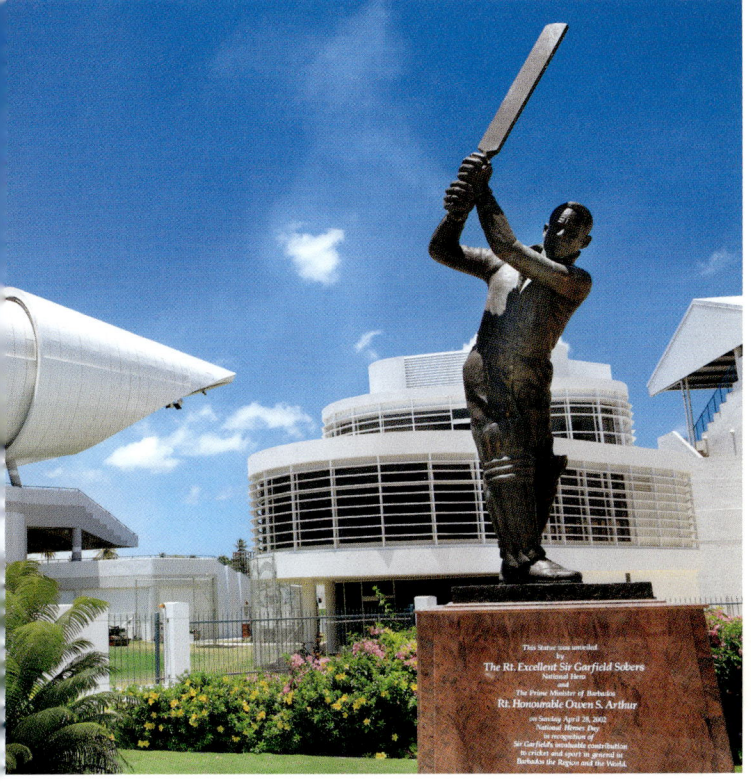

Die kricketverrückten Bajans lieben den Kensington Oval Kricket Ground (▶ MERIAN-Tipp, S. 36) in Bridgetown, wo beinahe jedes Woche Spiele stattfinden.

auf Barbados an. Der restaurierte Innenraum der pastellrosa getünchten Synagoge ist öffentlich zugänglich (Mo–Fr 9–12 und 13–16 Uhr). Auf dem jüdischen Friedhof kann man auf verwitterten Grabtafeln mit einiger Mühe Inschriften auf Hebräisch, Portugiesisch und Spanisch erkennen. 2008 wurde auf dem Grund eine Mikwe entdeckt, ein rituelles jüdisches Bad, das nun freigelegt werden soll.

Östlich der Careenage erhebt sich die anglikanische **St. Michael's Cathedral** auf den Fundamenten einer durch einen Wirbelsturm zerstörten ersten Kirche aus dem Jahr 1665. St. Michael wurde 1789 wie die meisten historischen Gebäude auf Barbados aus solidem Korallenkalk gebaut, jenem Grundmaterial, aus dem auch die Insel selbst besteht. Wenige Schritte weiter östlich beginnt der **Queen's Park.** Dort residierten in der Kolonialzeit die Offiziere der britisch-westindischen Truppen. Heute steht das Areal mit den schönen Tropenbäumen für sonntägliche

BARBADOS: BRIDGETOWN & WESTEN

Eine Institution am Hafen: Das Waterfront Café (▶ MERIAN-Tipp, S. 38) in Bridgetown eignet sich zur Kaffeepause während eines Stadtrundgangs.

Picknicks und Spaziergänge jedermann offen. Schön anzuschauen: Das herrschaftliche **Queen's Park House** (1780) mit seiner repräsentativen Holzveranda, Ausstellungs- und Veranstaltungsraum für einheimische Künstler. Ebenso schön und ein wenig rätselhaft: der mächtige Baobab- oder Affenbrotbaum. Seine ausladende Krone überdacht den Kinderspielplatz des Parks. Mindestens 1000 Jahre alt soll der Gigant sein und ursprünglich aus Westafrika stammen. Wie aber kann es Samen oder Setzling dereinst quer über den Atlantik verschlagen haben – 500 Jahre vor Ankunft der ersten Kolonisten?
Dauer: ca. 3 Std.

ÜBERNACHTEN

Barbados Hilton ▶ S. 119, F 4
Komfort in Top-Lage • Auf der Halbinsel Needham's Point gelegen, wirkt das runderneuerte Fünf-Sterne-Haus zunächst wie ein typisches Kettenhotel. Service, Preis und Leistung überzeugen aber auch Individualisten. Schöne Poollandschaft, direkte Strandlage. Fitnesscenter und Spa im sechsten Stock, Kinder-Animation, eigene Tauchschule. Historisch interessant: die kanonenbewehrte Bastion Fort Charles, die einst die Hafeneinfahrt nach Bridgetown schützte.
Needham's Point • Tel. 4 26/02 00 • www.hiltoncaribbean.com • 350 Zimmer • ♿ • €€€€

Island Inn Hotel ▶ S. 119, E 4
All-inclusive mit Charme • Wo im 19. Jh. die britische Marine Rumfässer lagerte, ist heute ein charmantes Club-Hotel untergebracht. Die Zimmer gruppieren sich um einen tropisch begrünten Innenhof im historischen Bezirk der Garrison

Savannah, stadtnah und dennoch absolut ruhig. Kleiner Pool, fünf Gehminuten zum Strand.
Aquatic Gap (The Garrison) • Tel. 4 36/63 93 • www.islandinn barbados.com • 23 Zimmer • €€

ESSEN UND TRINKEN
Brown Sugar ▸ S. 37, c 2

Kreolische Küche • Halb offene Veranda, dekoriert mit wuchernden Tropenpflanzen und surrenden Ventilatoren an der Holzdecke. Exotisch-kreolische Spezialitäten, vegetarische Gerichte, Kinder-Menü.
Aquatic Gap, Bay Street • Tel. 4 26/76 84 • www.brownsugarbarbados.com • €€€

Chefette ▸ S. 37, b 1

Bajan Fast Food • Einmal muss es ja doch sein: Barbados' inseleigene Fast-Food-Kette bietet frittierte Hühnerteile, Burger, Pizza, Salate und durchaus akzeptable Rotis – indisch-karibische Wraps mit Fleisch- oder Gemüsefüllung.
Broad Street • Tel. 4 30/34 50 • www.chefette.com • €

EINKAUFEN
Cave Shepherd ▸ S. 37, b 1

Das einzige echte Kaufhaus der Insel – großes Sortiment auf drei Etagen. Duty-free-Waren werden versiegelt ans Abflug-Gate bzw. an Bord des Kreuzfahrtschiffes expediert.
Broad Street 10–14

Da Costa's Mall ▸ S. 37, b 2

Außen kolonialer Zuckerbäckerstil, innen 30 verschiedene Geschäfte: Mode, Schmuck, Souvenirs und Kosmetik.
Broad Street • Mo–Fr 8.30–17, Sa 8.30–13 Uhr

AM ABEND
Harbour Lights ▸ S. 119, E 4

»Touristenfalle!«, schimpfen die einen. »Super Party!«, begeistern sich andere. Montags und mittwochs große Beach-Extravaganza-Dinnershow mit Feuerschlucker, Limbo-Dancing und viel Rambazamba.
Carlisle Bay • www.harbourlights barbados.com

SERVICE
AUSKUNFT
Barbados Tourism Authority (BTA) ▸ S. 37, westl. a 2

Harbour Road • Tel. 4 27/26 23 • www.visitbarbados.co

> **WUSSTEN SIE, DASS …**
>
> … R & B-Sängerin Rihanna (»Good Girl Gone Bad«) 1988 in St. Michael auf Barbados als Robyn Rihanna Fenty zur Welt kam?

VERKEHR
Busse ▸ S. 37, c 2

Zentraler Haltepunkt für Busse: Fairchild Street nach Süden und Osten, River Road nach Westen und Norden.
Einfache Fahrt 1,50 BD$

Taxi
Tel. 4 29/37 18 und 4 32/17 01

Ziele in der Umgebung
◎ Hastings und Worthing
▸ S. 119, F 3/4

22 000 Einwohner

Hastings heißt der erste Ort an der Südküste, und wie sein Namensvetter im britischen East Sussex ist auch das barbadische Hastings ein Seebad mit Tradition. Schon im frü-

hen 19. Jh. verbrachten wohlhabende Engländer hier gern den Winter, die ersten einfachen Hotels entstanden um 1880. Neuesten Datums ist dagegen die größte Attraktion dieses Küstenabschnittes: Der **South Coast Boardwalk**, eine mit Holzplanken befestigte, knapp 2 km lange Strandpromenade, hat sich seit seiner Fertigstellung 2009 zum Treffpunkt für Flaneure und Jogger entwickelt. An dessen südliches Ende schließt sich eine Reihe der schönsten Strände der Südküste an: An der populären weißsandigen **Accra Beach** picknicken Bajans am Wochenende gern unter Palmen. Hier fällt der Strand bis zum vorgelagerten Riff flach ins kristallklare Meer ab – ideal für Familien mit Kindern. Die nächste Bucht, **Rockley Beach**, mit zahlreichen Imbissbuden und kleinen Geschäften ist beinahe so etwas wie eine Ladenstraße am Meer. Sandy Beach und Worthing Beach heißen die nächsten Badeplätze. Landeinwärts erstreckt sich bei **Worthing** das **Graeme Hall Nature Sanctuary**: Vor der Kolonisierung der Insel bedeckten dicht bewachsene Mangrovensümpfe weite Teile der windabgewandten Küste der Insel. Im halbwegs ursprünglichen Zustand ist das Paradies für Wasservögel und Krebse nur noch hier erhalten. Ein kleiner Teil des Geländes kann momentan besichtigt werden (www.graemehall.com).
4 km südöstl. von Bridgetown

ÜBERNACHTEN

Accra Beach Hotel & Spa

Der Klassiker • Seit Jahren profitiert das Accra von seiner Lage am breitesten Strand der Südwestküste. Jüngste Upgrades und Updates lassen den dreistöckigen Bau etwas steril wirken, der Komfort ist jedoch okay. »Island View« bedeutet Blick auf den Parkplatz – nicht buchen!
Accra Beach • Tel. 7 12/22 72 • www.accrabeachhotel.com • 146 Zimmer • €€€

Amaryllis Beach Resort

Solides Strandhotel • Die Selbsteinschätzung Luxushotel ist ein wenig hochgegriffen. Immerhin aber gute Mittelklasse direkt am Strand, auch Familienzimmer und »Deluxe Suites« mit Kochnische. Eine Seltenheit: zwölf behindertengerecht ausgebaute Zimmer.
Hastings • Tel. 4 38/80 00 • www.amaryllisbeachresort.com • 150 Zimmer • ♿ • €€€

Allamanda Beach Hotel

Praktisch und gut • Architektonisch nicht allzu fantasievoller 3-stöckiger Bau. Funktionelle Zimmer mit Balkon und ohne Schnickschnack, kleiner Pool. Zum Schwimmen im Meer geht man fünf Minuten zur Rockley Beach. Nette Studios mit Küchennische.
Hastings • Tel. 4 38/10 00 • www.allamandabeach.com • 50 Zimmer und Studios • €€

Sea Foam Haciendas

Für Selbstversorger • Hell und freundlich eingerichtete Apartments für bis zu sechs Gäste, mit voll eingerichteten Küchen. Alle Einheiten mit Balkon und Meerblick. Der Strand vor dem Haus ist bei Flut allerdings nur noch handtuchschmal.
Worthing • Tel. 4 35/73 80 • www.seafoamhaciendas.com • 12 Apartments • €

Der neu angelegte South Coast Boardwalk (▶ S. 42) ist besonders am Abend ein beliebter Treffpunkt für Jogger und Spaziergänger.

ESSEN UND TRINKEN

Aqua
Bajan Fusion • Schicke Cocktail-Lounge, tolles Terrassenlokal zum Draußensitzen am Meer. Gekonnter Asia-Karibik-Mix.
Hastings, Main Road • Tel. 4 20/29 95 • www.aquabarbados.com • €€€

Champers Wine Bar and Restaurant
Gourmet-Aussicht • Der Blick über die Accra Beach ist unschlagbar, serviert werden gegrillter Fisch, Steaks und Pasta-Gerichte – alles in entspannt-eleganter Atmosphäre. Überzeugende Weinkarte und eiskalter Champagner auch glasweise. Nicht zu teuer.
Skeetes Hill (Accra Beach) • Tel. 4 34/34 63 • www.champersbarbados.com • €€€

Mojo
Little England • Fast wie zu Hause fühlen sich hier Freunde des englischen Pubs: Bier, Cocktails, Musik

und gute Stimmung. Zum Essen gibt es Burger, Hühnchen und Snacks.
Rockley, Main Road • Tel. 4 35/90 08 • €€

AM ABEND
Club X-treme
Schrille Riesen-Disco mit Laserlicht und gnadenloser Lautstärke – sehr angesagt.
Worthing, Main Road • www.clubxtreme.net

Oistins ▶ S. 119, F 3
15 000 Einwohner

Eine Spukgeschichte aus der Kolonialzeit rankt sich um die Pfarrkirche von **Christ Church,** die mit ihren drei zinnenbewehrten Türmen auf einem Hügel über Oistins thront: Die Familienmitglieder des als leicht erregbar bekannten britischen Colonels Chase sollen sich bis in den Tod bekriegt und selbst in ihrer Gruft noch weitergestritten haben. Wegen des Lärms aus der Grabstätte sei nach dem Rechten gesehen worden, heißt es in der Überlieferung – und die schweren Bleisärge der Sippe seien kreuz und quer aufeinanderliegend aufgefunden worden, einer sogar auf den Kopf stehend. Angemessene Ruhe habe erst geherrscht, nachdem die Verblichenen schließlich umgebettet und getrennt voneinander bestattet worden waren.
Ansonsten präsentiert sich der wichtigste Fischereihafen der Insel unspektakulär: Eine moderne Shopping Mall, bunt bemalte Rum Shops und der stählerne Großtank am Hafen dominieren das Stadtbild. Immer interessant: der »Catch of the Day«, fangfrischer Fisch, der vormittags über die Tresen des quirligen **Fischmarkts** wandert. In fünf Minuten erreicht man zu Fuß die besonders bei Bajans beliebte **Miami Beach** (auch: Enterprise Beach). Der Strand ist dicht mit Schatten spendenden Casuarina-Bäumen bewachsen. Die Verpflegung zwischendurch sichert Mr. Delicous, ein Strandkiosk in einem ausgemusterten Bus, während die Jets im Landeanflug auf den nahen Flughafen für akustische Abwechslung sorgen.
12 km südöstl. von Bridgetown

MERIAN-Tipp 6

OISTINS FISH FRY ▶ S. 119, F 3
Die Hauptattraktion des Städtchens: Immer freitags und samstags ist Partytime auf dem Fischmarkt. Einheimische DJs mit riesigen Sound Systems sorgen mit Soca, Reggae und aktuellem Pop für die musikalische Untermalung, dazu gibt es an den »Coal Pots« (Grillständen) frischen Fisch, eiskaltes Banks-Bier und Rum in Strömen. Gegessen wird von Papptellern und auf improvisierten Tischen, dafür sind die Preise bodenständig, und die Atmosphäre begeistert Einheimische wie Touristen. Auf Touren kommt die Stimmung zwischen 22 und 2 Uhr morgens; rund um die Uhr geöffnet bleibt **Lexie's** legendäre Beach Bar am Strand von Oistins.
Fischmarkt in Oistins, Christchurch, Barbados • €

ÜBERNACHTEN
Little Arches Hotel
Klein und fein • Exzellent geführtes, kleines Strandhotel mit persön-

Der Fish Market in Oistins (▶ MERIAN-Tipp, S. 44) wird freitags und samstags zur Partyzone. Musik, Bier und frischer Fisch sorgen für gute Stimmung.

lichem Service und attraktiven Extras, z. B. kostenlosen Mountainbikes, Spa-Programm mit Yoga und Massagen, mediterranem Restaurant »La Luna« auf der Dachterrasse.
Enterprise Road • Tel. 4 20/46 89 • www.littlearches.com • 10 Zimmer • €€€

◎ Silver Sands und Crane Beach ★ ▶ S. 119, E 1/F 2

Jenseits des Südkaps South Point (Leuchtturm) erstrecken sich bei **Silver Sands** kilometerlange, meist menschenleere, aber auch komplett schattenlose und oft ziemlich windige Strände. Wo Atlantik und Karibik aufeinandertreffen, gibt es gefährliche Strömungen und eine unberechenbare Brandung. Gute Bedingungen nur für Könner unter den Windsurfern.

Zurück auf dem Highway 7 passiert man die Pisten des Sir Grantley Adams Airports, wo Flugzeug-Fans sich die **Barbados Concorde Experience** vormerken sollten. In einem zum Museum umgebauten Hangar steht eine jener ausgemusterten Überschall-Maschinen, die bis 2003 jeden Samstag in gut drei Stunden von London nach Barbados flogen. Die Ausstellung informiert über Technik und Geschichte; die Kabine der Maschine kann begangen werden (www.barbadosconcorde.com, tgl. 9–18 Uhr, Eintritt 40 BD$, Kinder 20 BD$).

Durch den ländlichen Bezirk St. Philip gelangt man nach 7 km auf ausgeschilderten Nebenstraßen zur **Crane Beach ★**. Seinen Namen hat der herrliche Strand (Vorsicht: tückische Brandung!) von einem Ladekran (engl. crane), der im 18. Jh. auf dem Kliff stand. Eine Öffnung im vorgelagerten Cobbler's Reef erlaubte die Durchfahrt kleinerer Fracht-

Sand, Palmen und türkisblaues Wasser: Die Crane Beach (▶ S. 45) ist einer der traumhaftesten Strände der Kleinen Antillen.

ter aus Bridgetown. Das legendäre **Hotel The Crane** (www.thecrane.com €€€€) liegt wunderbar oberhalb des leicht pinkfarbenen Strandes und wurde bereits 1770 als »Badehaus« einer Händlerfamilie genutzt; 1887 öffnete es seine Pforten für Feriengäste. Der prächtige Ballsaal (1921) im Seitenflügel und zahlreiche historische Fotos in der Lobby erinnern an jene gute alte Zeit. Die Poolterrasse dient gelegentlich noch als Kulisse für Modeschauen und Werbefotos; ansonsten wirken die überdimensionierten Anbauten jüngsten Datums reichlich deplatziert.

Rund 2,5 km nordöstlich ist ein anderes Traditionshotel dem Verfall preisgegeben: **Sam Lord's Castle,** das seiner Lage wegen dennoch einen Abstecher lohnt. Blickfang der seit Jahren geschlossenen Hotelanlage ist ein Landschloss im georgianischen Stil, erbaut von dem Pflanzer und Riffpiraten Samuel Hall Lord (1778–1844). Die Legende erzählt, der notorische Lord habe in Neumondnächten Laternen auf die Palmwipfel setzen lassen, um Seeleuten den sicheren Hafen Bridgetowns vorzugaukeln. Sobald die Schiffe dann mit Mann und Maus am Cobbler's Reef zerschellt waren, bemächtigte sich der saubere Schlossherr der kostbaren Fracht und stattete damit seine Salons aus.

Vorbei an ruinösen Hotelbauten gelangt man auf einem Fußweg an die **Bottom Bay** – den vielleicht schönsten Strand von Barbados überhaupt. In beinahe unwirklichem Aquamarin und blendendem Weiß erstrahlen hier Meer und Korallensand, eingerahmt von schlanken Kokospalmen.

14 km südöstl. bzw. 21 km östl. von Bridgetown

ÜBERNACHTEN

Inchcape Seaside Villas

Abseits des Trubels • Schöne Anlage am ruhigen Südkap. Die Villen und Wohnungen für bis zu sechs Personen sind komplett mit Küche, Wi-Fi und Balkonen eingerichtet. Tolle Strände, ideale Lage für Windsurfer. Nicht zu teuer.
Silver Sands, Christ Church • Tel. 4 28/70 06 • www.inchcape.net • 15 Einheiten • €€

◎ St. Lawrence Gap und Dover Beach ▶ S. 119, F 3

20 000 Einwohner

Kurz nach Worthing zweigt vom Highway 7 nach rechts eine schmale Parallelstraße zum Meer hin ab. Die nur ca. 2 km lange **St. Lawrence Gap**, meist schlicht »The Gap« genannt, ist die junge Amüsiermeile der Insel. Das Angebot an Restaurants, Bars und Discos ist zwar überschaubar, lässt aber kaum Wünsche offen. Draußen werben Türsteher wortreich um die Nachtschwärmer, drinnen wird zu Reggae, Soca und Hip-Hop getanzt, mexikanisch, chinesisch oder bajan style gespeist und mit reichlich Rum und Bier nachgespült. Die Atmosphäre ist entspannt, alles ist zu Fuß bequem erreichbar. Die sich östlich anschließenden Strände **Dover Beach**, **Casuarina Beach** und **Maxwell Beach** sind ideale Reviere für junge Leute zum Baden, Sonnen und Windsurfen.
8 km südöstl. von Bridgetown

ÜBERNACHTEN

Turtle Beach Resort

Eleganter AI-Club • Beste Strandlage, offene und elegante Bauweise. Nur auf All-inclusive-Basis buchbar, man kann allerdings auch in benachbarten Schwester-Hotels essen (»Dine-Around Program«).
Dover Beach • Tel. 4 28/71 31 • www.turtlebeachresortbarbados.com • 164 Zimmer • €€€€

Southern Palms

Miami-Feeling • Das ganz in Pink und Weiß gehaltene Haupthaus verströmt ein wenig die Atmosphäre von Miami Beach. Die Zimmer sind groß und geschmackvoll eingerichtet, der Preis ist akzeptabel.
St. Lawrence Gap • Tel. 4 28/71 71 • www.southernpalms.net • 92 Zimmer • €€€

Rostrevor Hotel

Populär und preiswert • Bei englischen und kanadischen Pauschalurlaubern beliebtes Feriendomizil. Ideal gelegen für Nachtschwärmer, eher einfache Zimmer.
St. Lawrence Gap • Tel. 4 28/92 98 • www.rostrevorbarbados.com • 68 Zimmer • €€

ESSEN UND TRINKEN

Pisces

Fisch und Meeresfrüchte • Wunderbarer Meerblick von der Terrasse – die Lage ist in den Preisen offenbar leider enthalten. Günstiger: das Drei-Gang-Menü zum Festpreis.
St. Lawrence Gap • Tel. 4 35/65 64 • www.piscesbarbados.com • €€€

David's Place

Romantisch • Für das intime Dinner bei Kerzenschein, Mondlicht, Meerblick, dezenter Musik und mit zirpenden Baumfröschen. Barbadische Küche, Steaks und Shrimps in allen Varianten.
St. Lawrence Gap • Tel. 4 35/97 55 • www.davidsplacebarbados.com • €€

AM ABEND

The Plantation Theatre Restaurant

Krude Mischung aus Cabaret, Karneval zum Mitmachen und Disco. Die Dinnershow »Bajan Roots and Rhythms« lässt garantiert kein Karibik-Klischee aus – Spaß macht's trotzdem!

St. Lawrence, Main Road (Highway 7) • www.plantationtheatre.com

The Ship Inn

Seit 1974: Sportsbar, Disco, Pub, Restaurant. Alles in einem, britisch orientierte Partyzone: laut, lustig und feuchtfröhlich. Tanz und Snacks bis in die frühen Morgenstunden.

St. Lawrence Gap • www.shipinnbarbados.com

Platinum Coast

▶ S. 118, B 4 – S. 119, D 4

Verlässt man Bridgetown nach Norden auf dem Highway 1 in Richtung des Bezirks St. James, wird bald deutlich, dass hier ein anderer Wind weht als an der Südwestküste: Hohe Mauern, klangvolle Namen auf blank polierten Schildern und livrierte Portiers, Gepäckträger und Bell Boys erwarten ein zahlungskräftiges Publikum – welcome to the Platinum Coast!

Holetown ▶ S. 119, D 4

30 000 Einwohner

Auch das Zentrum der Platinküste, 9 km nördlich von Bridgetown, besteht im Wesentlichen aus Hotels und Apartmenthäusern. In zwei schmalen Querstraßen, die vom Highway nach links abbiegen und schlicht 1st und 2nd Street genannt werden, haben sich einige der besten Gourmet-Restaurants der Insel etabliert. Ein Obelisk erinnert an den ersten Landgang britischer Kolonisten an dieser Stelle, am 14. Mai 1625. Kapitän John Powell nahm Barbados damals für König James I. in Besitz, ohne zu ahnen, dass der Monarch inzwischen verstorben war. Bis heute heißt der westliche Bezirk der Insel deshalb St. James. Hinter der **St. James Church**, wo die älteste Kirchenglocke der Insel aus dem Jahr 1696 aufbewahrt wird, liegt meerwärts der **Folkestone Marine Park**. An Land infomiert ein kleines Museum (Mo–Fr 9–17 Uhr, Eintritt frei) anschaulich über Flora und Fauna der Korallenriffe, im Wasser davor können Schnorchler die Theorie sofort in praktisches Erleben umsetzen.

ÜBERNACHTEN

Coral Reef Club

Charme und Eleganz • Überschaubares Luxushotel in Familienbesitz, wunderbare Gärten, große gepflegte Zimmer und Suiten rund um ein Club House im kolonialen Stil. Das vielleicht persönlichste und geschmackvollste Haus der Platinküste.

Porters • Tel. 4 22/23 72 • www.coralreefbarbados.com • 88 Zimmer • ♿ • €€€€

The Lone Star

Retro-Chic • Eine ehemalige Autowerkstatt wurde eines der begehrtesten Hotels der Kleinen Antillen – die nur vier Suiten mit Meerblick heißen »Buick«, »Lincoln«, »Cord« und »Studebaker«, das Design ist maskulin, klar und minimalistisch. Mit Restaurant und Brasserie.

Mount Standfast (Highway 1) • Tel. 4 19/05 99 • www.thelonestar.com • 4 Suiten • €€€€

The Sandy Lane

Mehr als Luxus • Die Kennedys, Reeder Onassis, Elton John und Elizabeth II. – die Gästeliste ließe sich beliebig verlängern: Seit 1961 steht der Name für britisch-koloniale Gediegenheit im Schatten mächtiger Mahagonibäume.
Sandy Lane Bay • Tel. 4 44/20 00 • www.sandylane.com • 112 Zimmer • ♿ • €€€€

Bayfield House

Bed & Breakfast • Sehr gepflegte und ruhige Anlage fünf Gehminuten landeinwärts von der schönen Mullins Beach. Familiärer Service fast wie im englischen B & B, kleiner Pool und tropischer Garten, in dem Mango-, Avocado- und Grapefruitbäume auch neugierige Affen anziehen.
Mullins • Tel. 4 19/04 97 • 10 Zimmer • www.bayfieldbarbados.com • €€

The Palm Resorts

Preiswerte Oase • Auch an der Platinküste gibt es bezahlbare Unterkünfte: Die beiden Apartmenthäuser Halcyon Palm und Travellers Palm bieten ruhige und nett eingerichtete Studios mit Wohnraum, Schlafzimmer und Kochnische für je zwei bis vier Personen. Bar, Restaurant und Lounge im Resort.
Sunset Crest • Tel. 4 32/67 50 • 41 Studios • www.thepalmsresort.net • €€

ESSEN UND TRINKEN
The Cliff

Kulinarische Höhe • Nicht nur die Lage auf einer von Fackeln erleuchteten Klippe ist erhaben, auch das Niveau und die Preise sind es. Internationale Kreationen, mal mit einem Touch von Thai-Aromen, ein anderes Mal mehr karibisch oder französisch angehaucht.

Bei der Stadt Holetown (▶ S. 48), dem Zentrum der Platinküste auf Barbados, liegen wunderbare Strände und der Folkstone Marine Park mit schöner Unterwasserwelt.

Derricks • Tel. 4 32/19 22 • www.
thecliffbarbados.com • €€€€

Nishi

Kreolische Sushi • Gelungene Fusion aus japanischer und karibisch-kreolischer Küche – hervorragendes Sushi, schön zum Draußensitzen, cooles Design –, sehr angesagt. Auch Vegetarisches im Angebot.
2nd Street, Holetown • Tel. 4 32/82 87 • www.nishi-restaurant.com • €€€

The Tides

Kreative Gourmetküche • Fleisch, Fisch und Vegetarisches auf höchstem Niveau, ebenfalls direkt am Meer serviert. Internationale Küche mit mediterranen und kreolischen Anklängen.
Balmore House, Holetown • Tel. 4 32/83 56 • www.tidesbarbados.com • €€€

The Beach House

Lunch-Buffet • Ideal für den kleinen Hunger am Strand: das mittägliche Bajan Buffet. Außerdem leckere Salate, Sandwiches und kleine Fischgerichte sowie feine Cocktails.
Holetown, St. James • Tel. 4 32/11 63 • www.thebeachhousebarbados.com • €€

Ragamuffin's

Authentisch und gut gelaunt • Das Motto ist so simpel wie die Küche: »Good Friends, Good Food, Good Fun« – leckere Inselküche, viel Fisch und Gegrilltes in buntem Holzhäuschen. Sonntags improvisierte Travestie-Show.
1st Street, Holetown • Tel. 4 32/12 95 • www.ragamuffinsbarbados.com • €€

John Moore Bar

Rum Shop • Hier sind die Einheimischen meist unter sich – Rum, Bier und ehrliches Bajan Food. Tipp für Mutige: »Pudding and Souse«, eine Art Schweinskopfsülze mit Blutwurst.
Weston, Reid's Bay • Tel. 4 22/22 58 • €

Speightstown ▶ S. 118, B 4
40 000 Einwohner

Früher stachen von hier mit Zucker und Rum beladene Segelfrachter nach England in See, weshalb der Beiname des freundlich-schläfrigen Städtchens Little Bristol lautet. Nur noch wenige windschiefe Geschäftshäuser mit Holzbalkonen aus dem 19. Jh. entlang Main Street und Church Street künden vom längst verblassten Glanz. Dennoch atmet das alte Speightstown mehr ursprünglichen Charme als die gesamte Hotelmeile der Platinum Coast. Sehenswert: **Arlington House** (mit Kolonialmuseum, Queen Street, Mo–Sa 9–17 Uhr, Eintritt 25 BD$, Kinder frei), ein stattlicher Bau aus dem 17. Jh., sowie die Gemeindekirche St. Peter. An der Uferpromenade, The Esplanade, treffen sich die Senioren zum Domino-Spiel, und gern nimmt man sich die Zeit für ein nettes Schwätzchen mit Besuchern.

ESSEN UND TRINKEN

Fisherman's Pub

Urige Hafenbar • Knarzig und altmodisch wie Speightstown selbst – alles andere als professionell, aber dafür ungeschminkt. Tagsüber einfache Fischgerichte und Bier, abends auch mal Partystimmung – je nach Besetzung.
Queen Street • Tel. 4 22/27 03 • €

Die Almond All Inclusive Resorts auf Barbados und Saint Lucia bieten inmitten herrlicher Sandstrände und eines ganzjährig warmen Klimas das perfekte Ambiente für einen Traumurlaub:

Almond Resorts Barbados & Saint Lucia – hier geht jeder Wunsch in Erfüllung!

entspannte Atmosphäre, traumhafte Strandlage, hervorragende Gourmetküche in den zahlreichen á la carte Restaurants, geschmackvoll und mit luxuriösem Komfort ausgestattete Zimmer. Und wer neben entspannten Sonnenstunden Abwechslung sucht hat die Wahl zwischen zahlreichen Sportmöglichkeiten. Vom Segeln, Kajakfahren, Hobie Cat, Schnorcheln, Windsurfen, Wasserski bis hin zu Tennis oder Golf ist selbstverständlich alles All Inclusive. Die gehobenen 4-Sterne-Resorts bieten sowohl für Alleinreisende, Paare, Honeymooner und auch Familien zahlreiche Extras.

For you. About you.

Für Buchungen und weitere Informationen wenden Sie sich an Ihr Reisebüro oder an Almond Beach Marketing:
Tel.: 0211 / 940273, Email: marketingeurope@almondresorts.com, www.almondresorts.com

Barbdaos: Almond Beach Club & Spa, Almond Beach Village, Almond Casuarina Beach
Saint Lucia: Almond Morgan Bay

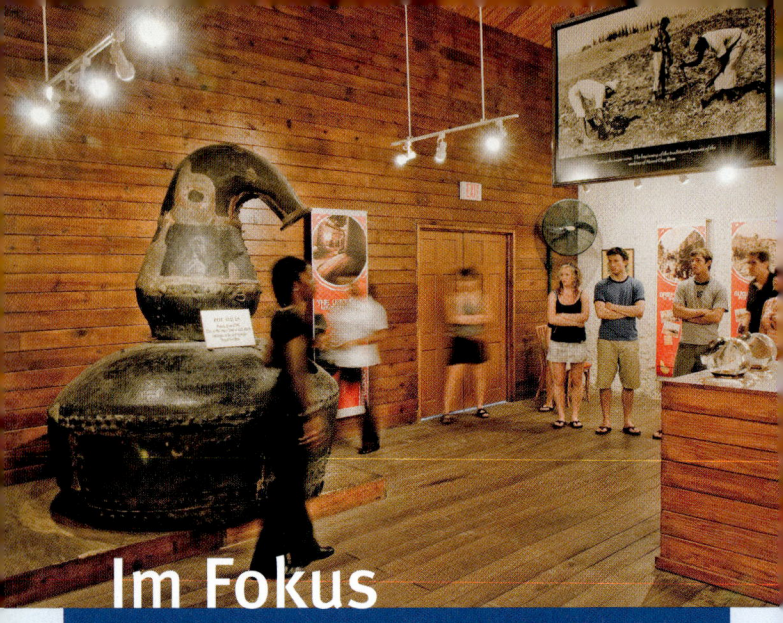

Im Fokus

Rum für Feinschmecker
Die Kleinen Antillen sind ohne Rum und Rum-Cocktails unvorstellbar. Doch es war ein weiter Weg vom Fusel zum Kultgetränk.

Kill Devil, »Teufelstöter«, nannten zeitgenössische Chronisten jenes Feuerwasser auf Zuckerrohr-Basis, das niederländische Händler um 1640 erstmals von Brasilien nach Barbados brachten. Ein echter Genuss dürfte diese Ur-Version des Rums nicht gewesen sein. Tatsächlich wurde der Fusel nur an afrikanische Sklaven und irische Kontraktarbeiter ausgegeben, um sie bei Laune zu halten. Die weiße Kolonial-Elite hielt sich lieber an Gin oder Cognac aus Europa. Erst als die Techniken ausgereifter und die Qualität des Endproduktes besser wurde, fand Rum auch bei der männlichen Oberschicht, später auch bei Frauen und Touristen Zuspruch.

Vom Zucker zum Rum
Eigentlich entsteht Rum aus einem Abfallprodukt bei der Zuckerherstellung. Wenn der Saft des Zuckerrohres zu Kristallen eindampft, bleibt als Satz die Melasse zurück, ein zäher brauner Sirup. Dieser wird nach dem Zusatz von Quellwasser und Hefe zum Gären gebracht. Nach dem Reinigen von Rückständen und der Destillation, dem eigentlichen Brennen, ist die Flüssigkeit zunächst farblos, ungenießbar und besteht zu rund 95 % aus Alkohol.

Wird Rum direkt aus dem Zuckerrohrsaft gebrannt, spricht man von R(h)um Agricole – die Spezialität der französischen Antillen.

◄ In den Mount Gay Destilleries (► S. 53) lernt man viel über Rum.

Das Geheimnis des Master Blenders

Genießbar wird der konzentrierte Rum erst durch erneute Beimischung von Wasser sowie die Lagerung im Holzfass. Auf Barbados verwendet man dafür 200-Liter-Fässer, in denen zuvor schon Bourbon-Whiskey in Kentucky reifte. Den bernsteinfarbenen Ton nimmt der Rum von der geräucherten Innenwand der Fässer an. Farbloser (»Weißer«) Rum ist entweder sehr jung oder altert in Stahlcontainern. Am Ende kommt der Master Blender ins Spiel, der für das Aroma verantwortliche Brennmeister. Er gibt z.B. Vanille oder Karamell bei und mischt verschiedene Sorten (engl. to blend) nach streng geheimen Hausrezepten. Als besonders edel gelten die dunkleren, mindestens sechs Jahre lang gereiften Marken. Solchen Extra Old Rum trinken Feinschmecker nur pur, allerhöchstens auf Eis oder mit ein wenig Wasser verdünnt.

Treffpunkt Rum Shop

Als Every Day Rum bevorzugen viele Insulaner Weißen Rum, der selbst nach exzessivem Genuss keine Kopfschmerzen bereiten soll. Am liebsten nehmen gestandene Bajans ihren Drink im Rum Shop. Gut 1000 dieser Etablissements, halb Bar, halb Gemischtwarenladen, soll es auf Barbados geben, oft in bunt bemalten Chattel Houses. Fast immer bleiben dort die Männer unter sich, wenn es heißt »Leh' we fire one«, »Lasst uns einen kippen«. Cocktails, wie sie Barleute in den Hotels zelebrieren, gelten bei Einheimischen eher als »Ladies' thing«. Die Gnade der Puristen findet nur der Rum Punch, denn dieser ist ein Klassiker auf den Antillen. »One sour, two sweet, three strong, four weak« lautet das Rezept: ein Teil saurer Limonensaft, zwei Teile süßer Zuckerrohrsirup, drei Teile starker Rum, vier Teile Wasser oder Eis. Dazu kommt ein wenig gemahlene Muskatnuss – fertig ist die herrlich aromatische Mixtur, die es allerdings auch in sich hat.

Rum-Hopping
Mount Gay Destilleries

Nach eigenen Angaben die Erfinder des Rums. Jedenfalls gibt es Mont Gay bereits seit 1703, und das Produkt halten viele Kenner für eines der besten der Karibik. Besonders edel ist der »Extra Old«, nur noch übertroffen von der teuren Sonder-Edition »1703«.
Barbados, Bridgetown, Spring Garden Highway • www.mount gayrum.com • Führungen stdl. Mo–Fr 9.30–15.30 Uhr • Eintritt 6 US$

St. Lucia Destillers

»Bounty« und »Chairman's« heißen die Premium-Marken der Rum-Experten St. Lucias. Probier-Tipp: der mit natürlicher Vanille, Muskat und Zimt aromatisierte »Kwéyol Spice Rum«.
St. Lucia, Marigot Bay, Roseau • www.saintluciarums.com • »Rhythm and Rum«-Führungen nach Anmeldung (Tel. 4 56/31 00)

River Antoine Estate

Beinahe eine Zeitreise: Die wasserradbetriebene Zuckermühle stammt aus dem 18. Jh., die Destillierapparate wirken wie aus Stummfilmtagen. Der fertige Weiße Rum mit einem Alkoholgehalt von 69–75% wird verdünnt getrunken.
Grenada, St. Andrew, Tivoli • Führungen Mo–Fr 9–17 Uhr • Eintritt 5 EC$

Barbados – Der Osten
Im Osten und in der grünen Inselmitte stehen verschlafene Dörfer und Reste tropischen Regenwaldes in überraschendem Kontrast zur dicht besiedelten West- und Südküste.

◄ Das Sunbury Plantation House
(▶ S. 67) erstrahlt nach einem Brand inzwischen wieder in neuem Glanz.

Scotland District nennen die Bajans eine Gegend im ursprünglichen Osten ihrer Insel. Tatsächlich erinnert die Szenerie stellenweise entfernt an Schottland: sanfte Hügel, Felsen inmitten atlantisch wilder Brandung, blökende Schafe und viel weites Land. Sehenswert sind außerdem die größte Tropfsteinhöhle der Antillen, exotische Blütenpracht in Gärten und Parks sowie einige der schönsten historischen Great Houses der Karibik. Mindestens einen Tag lang sollte der Liegestuhl warten können – es gibt viel zu sehen in Barbados' wildem Osten.

Andromeda Botanic Gardens ▶ S. 118, C 2

Der Botanische Garten, der heute von der University of the West Indies zu Forschungs- und Schulungszwecken unterhalten wird, liegt auf einem herrlichen Logenplatz auf einer Klippe oberhalb der Tent Bay. Die Lage war es wohl, die Gründerin Iris Bannochie 1954 zu dem Namen inspirierte: Andromeda, Tochter des Königs Cepheus, sollte auf einem Felsen angekettet einem Meeresungeheuer geopfert werden, konnte aber im letzten Moment heldenhaft von Perseus gerettet werden – so die griechische Sage. Die 1988 verstorbene Lady Iris sammelte und kultivierte bis zu ihrem Tod mehrere hundert Pflanzenarten aus über 30 tropischen Ländern. Sehr imposant ist ein Exemplar jener »bärtigen« Feigenbaumart (lat. Ficus citrifolia), die Barbados den Namen gab. Außerdem sind prächtig gewachsene Orchideen, Helikonien und Bromelien aus Südamerika zu bewundern. Zu den botanischen Raritäten zählt eine blaugrün blühende Jade-Kletterpflanze (lat. Strongylodon macrobotrys), die von den Philippinen kommt.
St. Joseph • http://andromeda.cavehill.uwi.edu • tgl. 9–17 Uhr • Eintritt 10 BD$

Bathsheba ❸ ▶ S. 118, C 2
5000 Einwohner

Die pilzförmigen Kalkstein-Findlinge in der Brandungsgischt des Atlantiks sind wohl die meistfotografierten Motive auf Barbados überhaupt. So einladend die Strände an der Ostküste jedoch auch aussehen mögen, zum Baden geeignet sind sie aufgrund der hohen Wellen und der unberechenbaren Unterströmung nicht. Ein beliebtes Ausflugsziel ist das Küstennest Bathsheba dennoch, nicht zuletzt wegen des schönen Ausblicks auf den schäumenden Ozean. Erfahrene Surfer finden die Verhältnisse in der »Soup Bowl« (Suppenschüssel) ganz hervorragend. Zu den jährlichen Meisterschaften im November reisen Könner aus allen Weltgegenden an. Vergessen ist die kurze Boomphase der Ostküste, die 1883

BARBADOS – DER OSTEN

mit der Fertigstellung der Eisenbahnlinie von Bridgetown über Sunbury nach Belleplaine anbrach. Der städtischen Oberschicht gefiel es, sich in der frischen Atlantikbrise Ferienhäuschen zu bauen und die Wochenenden hier zu verbringen. Drei bis vier Stunden brauchte die Schmalspurbahn aus der Hauptstadt, 1937 wurde der Betrieb eingestellt. Vereinzelte Überbleibsel der Strecke sind noch zu finden, so steht etwa an der Congor Bay nahe dem Örtchen Bath noch eine Brückenruine. Nördlich von Bathseba führt die **East Coast Road** 7 km lang direkt am Strand entlang. **Cattlewash** heißt ein Abschnitt der meist menschenleeren Muschelsandbucht – ob hier tatsächlich einmal Rindvieh gebadet wurde, wie der Name nahelegt, sei dahingestellt. Typisch für die Ostküste ist der Bewuchs mit »Sea Grape Trees« (Meertrauben), deren grüne und angenehm säuerlich schmeckende Früchte an wilden Wein erinnern und in Bridgetown gelegentlich an Straßenständen verkauft werden.

ÜBERNACHTEN

The Atlantis Hotel

Boutiquehotel • Das lange geschlossene Traditionshaus aus dem Jahr 1800 liegt direkt am Strand von Bathsheba und wurde 2009 nach komplettem Umbau wieder eröffnet. Der Look ist frisch und schick, die Preise sind entsprechend.
Bathsheba • Tel. 4 33/94 45 •
www.atlantishotelbarbados.com •
7 Zimmer • €€€

The New Edgewater Hotel

Meer und Wald • Das freundliche kleine Haus mit Pool liegt oberhalb des Strandes von Bathsheba und am Rand des tropischen Rest-Regenwaldes Joe's River Rainforest.
Bathsheba • Tel. 4 33/99 00 • www.newedgewater.com • 24 Zimmer • €€

The Round House Inn

Rustikal und gemütlich • Seit 1832, ruhig und abgeschieden gelegen, tolle Ausblicke auf die »Soup Bowl«, authentische Inselküche mit Schwerpunkt Fisch und Meeresfrüchte.
Bathsheba • Tel. 4 33/96 78 •
www.roundhousebarbados.com •
4 Zimmer • €€

Sea U Guesthouse

▶ grüner reisen, S. 19

ESSEN UND TRINKEN

The Cove

Privat-Restaurant • Mrs. Morley, Autorin karibischer Kochbücher und leidenschaftliche Köchin, ist die Pflege barbadischer Kochkunst ein persönliches Anliegen. Das sonntägliche Lunch-Buffet ist legendär, Reservierung Pflicht!
Atlantic Park, Cattlewash • Tel. 4 33/94 95 • nur mittags geöffnet • €€

Codrington College ▶ S. 119, D 2

Das theologische Seminar besteht bereits seit dem Jahr 1702. Sein Gründer, der in Barbados geborene Christoph Codrington (1668–1710), machte sich einen Namen als Oxford-Absolvent, Universalgelehrter und Generalgouverneur der Leeward Islands mit Sitz auf Antigua. In seinem Testament hinterließ er sein Vermögen dem College, das 1743 fertiggestellt wurde. Eine Allee turmhoher Kohlpalmen führt auf das eindrucksvolle Hauptgebäude mit dem Kruzifix unter dem Giebel

Es wuchert üppig im Botanischen Garten Andromeda Botanic Gardens (▸ S. 55) auf Barbados, wo Orchideen, Bromelien und andere exotische Pflanzen prächtig gedeihen.

zu. Am Ufer des mit Wasserlilien bewachsenen Zierteichs beginnt ein kurzer Lehrpfad durch die idyllische Parkanlage. Kaum gezähmt wuchern dort Baumriesen wie Mahagoni, Kapok oder die stachelbewehrte Macaw-Palme. Der Blick reicht weit hinunter bis auf den Atlantik – fast könnte man neidisch werden auf die Studenten …
St. John • www.codrington.org • tgl. 9–17 Uhr

Farley Hill National Park
▸ S. 118, B 3

Ein gewisser morbider Charme geht von der friedlich vor sich hindösenden Parkanlage aus, wenn nicht gerade eine Busladung Kreuzfahrtlandgänger den einzigen Nationalpark des Inselstaates unsicher macht. Inmitten wuchernder tropischer Vegetation thronen die malerischen Ruinen eines klassizistischen Herrenhauses aus dem frühen 19. Jh. Sir Graham Briggs, wohlhabender und einflussreicher Politiker der Kolonialära, machte Farley Hill zum gesellschaftlichen Mittelpunkt der Plantagengesellschaft. Die weiße Oberschicht ging hier ein und aus, und sogar Mitglieder der britischen Königsfamilie waren zu Gast. Der großartige Baumbestand geht größtenteils noch auf Briggs' botanischen Sammeleifer zurück. Er ließ Tamarinden, Dattelpalmen, Mahagonibäume und Avocados pflanzen, deren Wurzelwerk die Grundmauern des Anwesens heute fest im Griff haben. Schön zu sehen sind Wellenstrukturen der Steinquader, aus denen die Mauerbögen gefügt sind. Der auf Barbados überall verfügbare Korallenkalk war in der Kolonialzeit das günstigste Baumaterial. Nach dem Tod des Hausherrn verfiel Farley Hill zusehends, 1930 scheiterte

der Versuch, hier ein Luxushotel zu etablieren. Kurzzeitig blühte die alte Pracht erneut auf, als 1956 ein Filmteam aus Hollywood das Areal in Beschlag nahm. Für »Island in the Sun«, ein Rassenkonflikt-Melodrama mit James Mason, Joan Fontaine, Joan Collins und Harry Belafonte, wurde Farley Hill als Filmkulisse wieder auf Hochglanz gebracht. Der Streifen nach dem Roman von Alec Waugh wäre heute wohl längst vergessen, hätte Belafonte nicht mit dem Titelsong einen Welthit und Evergreen gelandet. Wenig später fielen die verbliebenen Reste des Great House einem Feuer zum Opfer, nicht zuletzt, weil die zurückgelassenen Holzkulissen wie Zunder brannten. Am geschwärzten Mauerwerk sind die Spuren des Brandes noch immer erkennbar. 1965 erwarb die Regierung das Grundstück, und zur Unabhängigkeit der Insel weihte Queen Elizabeth II den Nationalpark offiziell ein. Besonders schön: die Aussichtsterrasse in 275 m Höhe mit Blick auf die Atlantikküste bei Bathsheba.
St. Peter • tgl. 8–18 Uhr • Eintritt frei

Flower Forest ▶ S. 118, C 3

Die ehemalige Zuckerrohrplantage des Richmond Estate ist einer der prächtigsten privaten botanischen Gärten der Insel. Liebevoll angelegte Wege schlängeln sich durch Palmenhaine und blühendes Buschwerk. Überall blühen Ingwer, Hibisken und wie aus dickem Wachs geformte Helikonien in allen Farbvarianten. Vielleicht lässt sich sogar ein schillernder Doctor Booby, eine westindische Kolibriart, bei der Nektarernte beobachten. Aufgrund der Nähe zu Harrison's Cave und **Welchman Hall Gully** steht der Flower Forest häufig auf dem Programm

Die Ruinen des Herrenhauses im Farley Hill National Park (▶ S. 57) dienten als Kulisse für den Harry-Belafonte-Film »Island in the Sun«.

von Bustouren – dann kann es voll werden auf den engen Pfaden.
Highway 2, St. Joseph • www. barbados.org/flowfrst.htm • tgl. 9–17 Uhr • Eintritt 14 BD$

Gun Hill ▸ S. 119, D 3

Der ehemalige Militärposten war einst Teil eines inselweiten Beobachtungssystems. Von sechs Stellen konnten feindliche Schiffe frühzeitig ausgemacht und per Flaggenzeichen bis zum Hauptquartier in Bridgetown gemeldet werden. Später wurden Soldaten auch zum Auskurieren von Tropenkrankheiten in die frische Luft auf der Anhöhe versetzt. Es muss meist ein recht ruhiger Job auf Gun Hill gewesen sein, denn die gefürchteten Angriffe von Spaniern und Franzosen blieben aus. Henry Wilkinson, britischer Offizier und Hobbybildhauer, hatte jedenfalls Zeit und Muße, Gun Hill 1868 mit einem weiß getünchten Löwen aus Korallenkalk zu verzieren. »Möge er regieren von den Flüssen bis zum Meer und vom Meer bis ans Ende der Welt« lautet die lateinische Inschrift auf dem Sockel. Ein Weltreich ging, nur der Löwe bleibt …
Tipp: Vollmond-Picknick mit dem National Trust, Info unter Tel. 4 26/24 21.
St. George • Mo–Sa 9–17 Uhr

Harrison's Cave ▸ S. 119, D 3

Bereits 1796 verzeichnete ein englischer Chronist ein weit verzweigtes System aus Grotten und unterirdischen Gängen im Bezirk St. Thomas. Entflohene Sklaven hatten sich dort versteckt gehalten. Danach gerieten die Höhlen in Vergessenheit, bis sie als Touristenattraktion neu entdeckt wurden. Seit 1974 gilt Harrison's Cave mit den Wasserfällen, Stalaktiten und Stalagmiten nun als Höhepunkt jeder Inselrundfahrt. Als Landgänger vom Kreuzfahrtschiff kommt man an ihr praktisch nur unter Protest herum. Um einen Sitzplatz auf einem der elektrischen Wagenzüge zu ergattern, muss man häufig längere Wartezeiten in Kauf nehmen. Nach einer kurzen Video-Einführung dauert die eigentliche Durchfahrt der bunt ausgeleuchteten Tropfsteinhöhle 40 Minuten. Leider bleibt dabei kaum Zeit für Fotografen, sich in Ruhe mit einem Motiv zu beschäftigen. Dabei ist die größte Tropfsteinhöhle der Kleinen Antillen zweifellos einen Besuch wert – sie bliebe es sicher auch ohne die überdimensionierten Souvenirshops und ohne die Warteschlangen an den Ticket-Schaltern.
Allen View, St. Thomas • www. harrisonscave.com • tgl. 9–15.45 Uhr • Eintritt 60 BD$

Hunte's Garden and Nursery
▸ S. 118, C 3

Sehenswerte botanische Gärten und gepflegte tropische Parkanlagen gibt es viele auf Barbados. Aber Mr. Anthony Hunte gibt es nur einmal: Der sympathisch-spleenige alte Herr hat auf dem Grund einer ehemaligen Plantage seinen persönlichen Traum verwirklicht. Zwischen Palmen, Bambus und Riesenfarnen stößt man unversehens auf grinsende Stein-Buddhas, antike Nymphen und toskanische Vasen. Schilder mit botanisch korrekten Bezeichnungen sucht man vergeblich, dafür legt Mr. Hunte für Besucher auch mal seine Lieblings-CDs auf der Terrasse auf. Als Gratis-Dreingaben gibt es Rum-Punch, Kokoskuchen und etwas skurrile Anekdoten – je nach Tagesform des Gastgebers. Castle Grant, St. Joseph • www.huntesgardensbarbados.com • tgl. 9–17 Uhr • Eintritt 20 BD$

Morgan Lewis Windmill
▶ S. 118, B 3

Keine Kirschbäume, sondern knorrige Mahagonibäume sind es, die eine eindrucksvolle Allee namens **Cherry Tree Hill** von **St. Nicholas Abbey** hinunter in Richtung Ostküste bilden. Die von einzelnen Palmen flankierte, sich zum Strand abwärts schraubende Straße ist zweifellos eines der schönsten Fotomotive auf Barbados. Ein Relikt der einst blühenden Zuckerindustrie ist die **Morgan Lewis Windmill,** die als letzte ihrer Art 1947 den Betrieb einstellte. Nirgendwo sonst in der Karibik kann man heute ein besser erhaltenes Exemplar besichtigen. Mahlwerk und Zahnräder sind komplett betriebsbereit, auch die Flügel funktionieren seit der Restaurierung im Jahr 2000 wieder. Von einstmals rund 500 solcher Windmühlen stehen heute inselweit noch etwa 100 verlassener Mauerstümpfe – ein passendes Bild für den gegenwärtigen Zustand der Zuckerindustrie insgesamt. Im 17. Jh. sorgte der Zucker zunächst für den Aufstieg der Insel. Nachdem die ersten Siedler mit Tabak, Baumwolle und Indigo erfolglos ihr Glück versucht hatten, kam die zündende Idee schließlich aus Guyana und Brasilien: Niederländische Juden bauten dort das asiatische Kulturgewächs mit wachsendem Profit an. Als die Inquisition sie auf die Antillen vertrieb, übernahmen englische Pflanzer gern die bewährten Techniken inklusive der Windmühlen und des Einsatzes westafrikanischer Sklaven. Um 1670 hatte sich die Zuckermonokultur über die ganze Insel ausgebreitet, und die Pflanzer schwammen in Geld. Das süße Leben fand erst ein Ende, als die britische Freihandelspolitik Ende des 19. Jh. dafür sorgte, dass Rohrzucker aus den Kolonien nicht mehr mit europäischem Rübenzucker konkurrieren konnte. Heute kämpft die staatliche Barbados Sugar Industries Ltd. mit unkalkulierbaren Weltmarktpreisen; die Jahresproduktion liegt derzeit bei ca. 50 000 Tonnen, wovon das Gros in den Export nach Europa und nach Kanada geht. Eine neue Chance erhofft sich die Industrie aufgrund verstärkter Nachfrage nach

---

MERIAN-Tipp 7

FISHER POND GREAT HOUSE
▶ S. 119, D 3

An der Mahagoni-Tafel im Zentrum speisten schon die Queen und Prinz Philip, ein großer Teil der kolonial-antiken Möblierung stammt aus dem Nachlass von Leinwand-Diva Claudette Colbert (1903–1996), die ihre letzten Lebensjahre auf Barbados verbrachte. John und Rain Chandler bitten jeden Sonntag zum großen barbadischen Lunch-Buffet in das wunderbar renovierte, 300 Jahre alte georgianische Herrenhaus. Reservieren!
Am Highway 3 nahe St. Andrew's Sugar Factory, St. Thomas • Tel. 4 33/17 54 • www.barbadosbrides.com/fisherpondgreathouse.html • €€€

Vom Gun Hill (▶ S. 59) aus wurden feindliche Schiffe beobachtet, den steinernen Löwen schuf ein britischer Offizier während seines Dienstes auf der Insel.

Äthanol aus Zuckerrohr als Treibstoff sowie nach Bio-Kunststoffen auf pflanzlicher Basis vor allem für Auto-Zulieferer.
St. Andrew • tgl. 9–17 Uhr • Eintritt 10 BD$

Ocean Echo Stables ▶ S. 119, D 1

Die kleine Farm nahe der Atlantikküste bei Conset Bay ist Ausgangspunkt für interessante Inseltouren zu Pferde, z. B. zum Codrington College, auf einsame Aussichtspunkte hoch über der Ostküste sowie an den menschenleeren Strand von Bath. Die meisten Touren schaffen auch Anfänger ohne Probleme. Kleine Gruppen, auch Wandertouren. Ein besonderes Erlebnis: die nächtlichen Full Moon Rides.
Newcastle, St. John • Tel. 4 33/ 67 72 • www.barbados-horse-riding.com • geführte Ausritte ab 70 US$ p. P.

Orchid World ▶ S. 119, D 3

Ein weiterer Beleg für die britisch-barbadische Freude am Gärtnern

ist die Orchideenwelt, ein wahres Blumenmeer 260 m über dem Meer. Von der etwas kühleren Luft und vermehrtem Regen auf der Höhe profitieren die bis zu 30 000 Orchideen auf dem weitläufigen Gelände. Der zentrale Aussichtspunkt mit dem kleinen Pavillon ist bei Bajans ein außerordentlich beliebter Ort für Hochzeitsfotos.
Groves, St. George • www.orchid worldbarbados.com • tgl. 9–17 Uhr • Eintritt 14 BD$

Port St. Charles ▸ S. 118, B 4
Es ist vermutlich nur eine Frage der Perspektive: Kommt man aus St. Lucy, erscheint der neue und blitzsaubere Jachthafen an der **Six Men's Bay** wie von einem anderen Stern. Alles sieht aus, als habe ein Raumschiff die Siedlung direkt nach Barbados versetzt. Die Boote am Anleger sind vermutlich noch teurer, als sie aussehen, und die Feriendomizile der Anlage wirken so gediegen wie aus einem Hochglanzmagazin.
Erreicht man aber Port St. Charles von Süden, könnte die Urbanisation rund um den Ankerplatz auch für einen organisch gewachsenen Ableger der Platinküste gehalten werden. Beide Sichtweisen sind selbstverständlich zulässig …
Port St. Charles, St. Peter • www.portstcharles.com

WUSSTEN SIE, DASS …

… es auf Barbados rund 100 verschiedene christliche Kirchen gibt, darunter Anglikaner, Katholiken, Adventisten, Herrnhuter, Nazarener, Methodisten und Spiritual Baptists?

St. John's Church ▸ S. 118, C 2
Die vielleicht schönste Kirche der Insel thront auf einem Vorsprung von Hackleton's Cliff, einer Felsterrasse aus Korallenkalk. Weit reicht der Blick über die zerklüftete Ostküste des Bezirks St. John und die grünen Ebenen von St. Philip. Die verwitterte Fassade der neugotischen Gemeindekirche täuscht: Erst 1836 wurde sie errichtet, nachdem ein Hurrikan den Vorgängerbau bis auf die Grundmauern zerstört hatte. Im Innenraum imponieren die geschnitzte Wendeltreppe zur Galerie und die kunstvolle Kanzel, gefertigt aus Tropenhölzern. Auf dem malerischen Friedhof ruhen nicht nur Barbadier, sondern auch Schotten, Südafrikaner, Guayaner und Jamaikaner – Beleg für die einstige Größe des britischen Empires.

St. Lucy ▸ S. 118, A 3/4
3000 Einwohner
Verglichen mit dem Zentrum oder gar der mondänen Westküste der Insel wirkt ihr nördlichster Bezirk beinahe wie eine Insel für sich. Spröde, windzerzaust und unwegsam ist St. Lucy. Winzige Dörfer, schlafende Hunde vor verwitterten Holzhäuschen, friedlich grasende Schafe – das sind die ländlichen Reize der Gegend. Die Beschilderung der löchrigen Nebenstraßen durch St. Lucy ist bescheiden, aber die Küste ist ja niemals weit. Echt barbadische Unikate sind übrigens die »Chattel Houses«, jene kompakten Zwei-Raum-Hütten, wie man sie im ländlichen Norden besonders häufig sieht. Ihre einheitliche Bauweise geht zurück auf die Zeit nach der Sklavenbefreiung ab 1840. Zwar durften sich damals ehemalige Fronarbeiter auf dem

Am Harrison Point Lighthouse (▶ S. 64) bei Crab Hill an der rauen Ostküste von Barbados kann man die Ruhe genießen, hier trifft man selten andere Menschen.

Land ihrer Herren niederlassen. Da sie aber jederzeit mit ihrer Vertreibung zu rechnen hatten, musste ein Umzug mitsamt Haus notfalls an einem Tag geschehen können. Deshalb bestehen Chattel Houses nur aus einem steinernen Fundament und rasch zusammengefügten (importierten) Fichtenbrettern, auf jeder Seite wurde je ein Fenster eingebaut.

SEHENSWERTES
Animal Flower Cave

Wo es buchstäblich nicht mehr weitergeht, am **North Point,** hat die permanente Atlantikbrandung tiefe Höhlen in den Kalkstein gearbeitet. »White Horses«, weiße Pferde, nennen Bajans die Brecher respektvoll. Falls der Seegang nicht gerade zu stark ist, kann man mit der Animal Flower Cave eine dieser teils überschwemmten Felsgrotten vorsichtig watend besichtigen. Den Namen (Blumentierhöhle) trägt sie wegen einiger Seeanemonen, die dort in der Dünung nach Plankton angeln. Tatsächlich wirken die festsitzenden Korallentierchen mit ihren blütenähnlichen farbigen Tentakeln wie Mischwesen zwischen Tier und Pflanze. Die wenigen Exemplare sind allerdings im Halbdunkel der Grotte relativ schwer auszumachen, weshalb man die vollmundigen Versprechungen lokaler Guides nicht unbedingt für bare Münze nehmen sollte. Schön anzusehen ist die Grotte aber allein schon aufgrund der reizvollen Ausblicke durch die Höhlenöffnungen auf den schäumenden Ozean. Um die Aussicht über Klippen und atlantische Brandung noch etwas länger zu würdigen, kann man über freies Feld einige hundert Meter nach Süden spazieren. An stürmischen Tagen

spritzt die salzige Gischt in hohem Bogen über die Felskanten.
Tgl. 9–17 Uhr • Eintritt 20 BD$

Harrison Point Lighthouse

Wer die Einsamkeit sucht, findet sie hier. Die verlassenen Bauten nahe dem 1925 erbauten Leuchtturm gehörten zu einer US-Marinebasis, die Ende der 70er-Jahre aufgelöst wurde. Von Crab Hill, einem lethargisch vor sich hin träumenden Dorf wie aus einem vergangenen Jahrhundert, führt ein nur teilweise asphaltiertes Sträßchen bis fast hinunter zur **Archer's Bay** – die letzten 10 Minuten muss man zu Fuß gehen. Von den leicht überhängenden Kalksteinkliffs oberhalb der kleinen Sandbucht bekommt man den besten Eindruck von der wilden Küste. Ausgerechnet hier fanden Archäologen Keramikreste aus präkolumbischer Zeit; möglicherweise hatten die Arawak-Ureinwohner dort ein Basislager für Kanus und Fischergerät eingerichtet. **Shermans** ist eine freundliche kleine Fischersiedlung, die sich in den letzten Jahren zum bevorzugten Ziel für Individualtouristen entwickelt hat. Zahlreiche private Villen und Ferienhäuser wurden gebaut. Die gelassene karibische Atmosphäre des Ortes haben sie nicht allzu sehr verändert.

ÜBERNACHTEN

Good Little Harbour

Ruhe und Luxus • Wunderschöne Villen mit 1–3 Schlafzimmern in offener karibischer Bauweise. Viel Holz, Rattanmöbel, Marmor, tropische Pflanzen, ruhige Lage. Der Strand ist zwar relativ schmal, aber mit dem Auto ist man schnell an den größeren Stränden der Platinküste. Shermans, St. Lucy • Tel. 4 39/30 00 • www.goodlittleharbourbarbados.com • 21 Villen • €€€

ESSEN UND TRINKEN

The Fish Pot Restaurant

Fisch und mehr • In einem historischen Fort und direkt neben o. g. Hotel gelegen, bietet die Küche alles Frische direkt aus dem Meer. Immer ein Volltreffer: der preiswerte »Catch of the Day« auf der Lunch-Karte. Toll zum Draußensitzen am Wasser. Shermans, St. Lucy • Tel. 4 39/30 00 • www.goodlittleharbourbarbados.com • €€€

St. Nicholas Abbey 5
▶ S. 118, B 3

Das herrlich gelegene Plantagenhaus gilt als das älteste, weitgehend im Originalzustand erhaltene Bauwerk der Insel und als eines der eindrucksvollsten Beispiele früher Kolonialarchitektur in der Karibik überhaupt. Der britische Oberst Benjamin Berringer ließ es zwischen 1650 und 1660 im jakobäischen Stil errichten. Benannt nach dem schottischen König Jakob, der als James I. (1603–1625) den englischen Thron bestieg, vermischen sich dabei Formen italienischer Renaissance mit britischer Gotik. Typische Merkmale sind einfache symmetrische Fassaden und geschwungene Giebel mit dekorativen Abschlusssteinen in Kugelform sowie die seitlichen Schornsteine. Auf die offenen Kamine hätte man zwar aus heutiger Sicht gut verzichten können, aber die Baumeister hielten sich offenbar selbst in der Karibik detailgenau an den in England ausgearbeiteten Plan. Das solide Dachgebälk aus besonders harten Tropenhölzern trägt

Vom Wasser (fast) direkt auf den Tisch. So funktioniert die Versorgung im Fish Pot Restaurant (▶ S. 64) neben dem Good Little Harbour Hotel in Shermans.

zuverlässig seit mehr als 350 Jahren und trotzte so manchem heftigen Wirbelsturm.
Nach dem letzten Besitzerwechsel 2006 ließ der heutige Eigentümer Larry Warren, ein barbadisch-kanadischer Architekt, das Haus erst aufwendig restaurieren, bevor es für Besucher wieder geöffnet werden konnte. Die hochinteressante Führung über das Anwesen dauert rund 50 Minuten. Einige der Möbel im Great House stammen noch aus dem 18. Jh., darunter eine Standuhr im Treppenhaus (»Thwaites of London«, 1759) und ein wuchtiger Ruhesessel (»The Judge's Chair«) mit raffinierten Ausklaplehnen und Fußbänkchen. Weitere Kunststücke im Wortsinne sind das gedrechselte Treppengeländer im Chippendale-Stil (1898) und die Porträtmedaillons in weiß-blauer Wedgwood-Keramik. In einem Nebenzimmer sind Fotokopien eines »Sklaveninventars« von 1820 zu sehen. Ein gesunder männlicher Afrikaner kostete demnach 150 Pfund, eine Frau hatte einen Wert von 140 Pfund, ein Kind 90 Pfund.

Zu den illustren Vorbesitzern von St. Nicholas Abbey, das übrigens niemals einem kirchlichen Zweck diente, wie der Name vermuten lassen könnte, zählt auch Sir John Yeamans. Als Geschäftspartner Oberst Berringers war er zunächst Miteigentümer der Plantage. Während der Kompagnon jedoch in London weilte, begann Yeamans eine verhängnisvolle Affäre mit Berringers Frau Lady Margaret. Nach Rückkehr des Gatten fand die Männerfreundschaft ein jähes Ende. Yeamans mischte dem Geschäftspartner Gift in den Fünfuhrtee und übernahm 1660 die Plantage mitsamt trauernder Witwe. Schon bald muss

Yeamans die Insel aber zu klein geworden sein, denn 1665 findet man ihn in den Chroniken als Kapitän einer kleinen Flotte, die South Carolina (USA) besiedeln sollte. König Charles II. schlug den Abenteurer zum Ritter, wenig später ernannte er ihn sogar zum Gouverneur der neuen Kolonie am Cape Fear. Das zweifelhafte Vorleben Yeamans spielte dabei offenbar keine Rolle.

Im Garten hinter dem Haus gedeihen Brotfrucht-, Avocado- und Kalebassenbäume, daneben wurde ein Kräutergarten angelegt. Der dornige Sandbox Tree im Hof soll an die 500 Jahre alt sein. Auf rund 100 Hektar Grund wird in St. Nicholas Abbey bis heute Zuckerrohr angebaut – auch die dampfbetriebene Mühle hat der heutige Besitzer instand gesetzt.
Cherry Tree Hill, Highway 1, St. Peter • www.stnicholasabbey.com • So–Fr 10–15.30 Uhr • Eintritt 30 BD$

EINKAUFEN

Die hausgemachten Produkte aus ökologisch korrektem Anbau, u. a. Rohrzucker, Marmeladen und Chutneys, kann man in einem kleinen Shop auf St. Nicholas Abbey kaufen. Eine echte Rarität und nur hier erhältlich: der auf dem Anwesen gebrannte Rum.

Sunbury Plantation House
▶ S. 119, E 2

Das Mauerwerk des Plantagenhauses wurde 1660 aus Schiffsballast gefertigt und ist so massiv, dass es selbst schlimmsten Hurrikanen standhalten konnte. Was Wirbelstürme in drei Jahrhunderten nicht schafften, vollbrachten 1995 vermutlich Brandstifter mit unbekanntem Motiv: Eines der schönsten barbadischen Great Houses brannte komplett aus, und wertvolle Antiquitäten wurden ein Raub der Flammen. Doch heute erstrahlt Sunbury in neuem Glanz. Die Einrichtung wurde detailgetreu ersetzt, die Sammlung alter Haushaltgegenstände und Ochsenkarren neu aufgebaut. Die Mahagoni-Tafel im Speisesaal steht für Candle-Light-Dinners, Hochzeiten und andere Veranstaltungen zur Verfügung.
Six Cross Roads, St. Philip • www.barbadosgreathouse.com • tgl. 9–16.30 Uhr • Eintritt 9 US$

ÜBERNACHTEN

Oughterson Plantation House
Villen im Hinterland • Wer Ruhe sucht, ist hier genau richtig: Im Garten rund um das wunderschöne Plantagenhaus aus dem 18. Jh. können drei individuell gestaltete Villen für Selbstverpfleger gemietet werden.
St. Philip • Tel. 4 23/35 48 • www.oughtersonvillas.com • 3 Villen • €€€

Turner's Hall Woods und Chalky Mount ▶ S. 118, C 3

Das größte verbliebene Stückchen tropischen Regenwaldes auf der Insel liegt landeinwärts bei Bellplain. Über dem knapp 20 Hektar großen Areal fallen mit rund 1700 mm jährlich erheblich mehr Niederschläge als über der Karibikseite im Westen. Da der Wald in Hanglage liegt, eignete sich die Gegend nicht für die Plantagenwirtschaft und blieb deshalb von Rodung verschont. Ein klar markierter Pfad führt durch das Dickicht. Wie eine Art Mini-Amazonaswald besteht der Urwald aus drei Etagen: Am Boden herrschen Farne und Moose vor, in der Mitte

Die St. Nicholas Abbey (▶ S. 64) war nie und ist bis heute keine Abtei. Dafür gibt es eine eigene Rumdestillerie, die das dort wachsende Zuckerrohr verarbeitet.

(bis ca. 15 m) wuchern wilder Kaffee, Lianen und Stachelpalmen, während die Kronen der Weißen Zedern, Mahagonis und Kohlpalmen das 30 m hohe Dach bilden. Für Grüne Meerkatzen ist der Wald das Paradies; die Ausflüge der Primaten in die Obstgärten der Umgebung sind jedoch von den Farmern nicht gern gesehen. Eine geologische Besonderheit des Scotland Districts ist der Sandstein, der den ansonsten so dominanten Korallenkalk hier durchbricht. Typisch für solche tonigen Gesteinsschichten sind organische Ablagerungen, die sich in grauer Vorzeit bildeten und die nun an vielen Stellen als Erdöl austreten. Deshalb hängt in Turner's Hall Woods immer wieder ein charakteristischer Geruch in der Luft, der ein wenig an frischen Asphalt erinnert – eine seltsame Assoziation mitten im Wald. In der Kolonialzeit wurde der Ölschlamm zur Produktion von Schmiermitteln und Medikamenten verwendet. Sogar Kohle wurde im 19. Jh. im Scotland District abge-

Am Chalky Mount (▶ S. 68), dem Kreideberg im Osten von Barbados, werden heute noch direkt am Ursprungsort der Tonerde Töpferwaren in Handarbeit hergestellt.

baut. Die als »Manjack« bekannte und gummiartig weiche Sorte war besonders reich an Bitumen und befeuerte die Zuckerkessel der Plantage sowie die Destillen der Rumbrenner. Einen ganz anderen Zweck erfüllt die Tonerde am **Chalky Mount**. Am »kreidigen Berg« werden seit dem frühen 19. Jh. Töpferwaren hergestellt. Die Ateliers (The Potteries) können besichtigt werden, die fertigen Produkte z. B. bei Earthworks (▶ S. 23) gekauft werden. Die ursprüngliche Chalky-Mount-Ware ist von recht einfachem, buchstäblich erdigem Charme. Vermutlich sind die Töpfe und Krüge westafrikanisch inspiriert. Der »Monkey Jar« etwa, ein barbadischer Keramik-Klassiker, ist eine große bauchige Karaffe mit halbkreisförmigem Griff, die Trinkwasser lange frisch hält: Durch die unglasierte poröse Oberfläche verdunstet stets ein wenig Flüssigkeit und der Inhalt bleibt dadurch länger angenehm kühl. Der sogenannte »Conaree«, eine Art westindischer Römertopf, wird zur Zubereitung des »Pepperpots« oder zur Aufbewahrung von Pökelfleisch verwendet. Im Zeitalter von Tupperware hat sich das Sortiment gewandelt, der Schwerpunkt liegt heute eher auf dekorativem Kunsthandwerk.

Der höchste und wenig spektakuläre Gipfel von Barbados heißt **Mount Hillaby** (340 m), auf den von dem Örtchen White Hill eine schmale Straße führt. Den besseren Ausblick verspricht der baumlose, 328 m hohe Nachbar **Mount Misery** (über die Siedlung Chapman, Abzweigung vom Highway 2), auf dem der Sendemast der Telefongesellschaft steht. Anfahrt über Belleplaine nach St. Simons. Geführte Touren durch Turner's Hall Woods z. B. bei www.ecoadventuresbarbados.com.

Villa Nova
▶ S. 119, D 2

Dass ein Luxushotel auf Barbados nicht unbedingt ein Selbstläufer sein muss, beweist das Beispiel von Villa Nova Great House. Das wenige Autominuten nördlich des Ortes Four Cross Roads gelegene Herrenhaus im klassischen georgianischen Stil war 2001 in ein nobles Hotel mit allen Schikanen umgewandelt worden. Wenige Jahre später musste es schließen, vielleicht wegen der Lage fernab der Strände, vielleicht waren die allzu hohen Zimmerpreise schuld. Die Zukunft des wunderschönen Anwesens mit dem alten Baumbestand ist heute jedenfalls ungewiss. Ob sich Queen Elizabeth II. wohl noch an den Lunch erinnert, den sie 1966 auf Villa Nova einnahm? Damaliger Hausherr war kein Geringerer als Sir Anthony Eden (1897–1977), Earl of Avon und Winston Churchills Nachfolger als britischer Premierminister. Derzeit ist keine Besichtigung möglich; wer sich aber mit den Wachleuten gut stellt, kann zumindest den Park und das Haupthaus von außen in Augenschein nehmen.

Mount Tabor, St. John

Welchman Hall Gully ⭐
▶ S. 118, C 3

A Touch of Jungle, »ein Hauch von Dschungel«, erwartet den Besucher auch in der gut 1 km langen, felsigen Klamm, die eigentlich eine eingestürzte Tropfsteinhöhle ist. Früher gehörte die Schlucht zur Plantage des walisischen Generals Asygell Williams, der für König Charles I. gegen Cromwell kämpfte. Nach dessen Machtübernahme wurde er wie viele andere Royalisten auf die Antillen verbannt – »to be barbadosed« nannte man das damals in England. Die Nachfahren des Walisers bepflanzten den fruchtbaren Boden des Gully mit Obstbäumen und Nutzpflanzen aus der ganzen Welt, sodass die verwilderten Kulturen zusammen mit der einheimischen Flora heute einen wahren Urwald bilden, malerisch eingerahmt von Grotten und kleinen Tropfsteinhöhlen. Dass eine unterirdische Verbindung zur benachbarten Harrison's Cave besteht, kam erst 1970 ans Tageslicht.

Zu den auffälligsten Pflanzen in der Schlucht zählen Kakao-, Avocado- und Muskatbäume, Bananenstauden und Goldapfelsträucher. Dazu blühen Weihnachtskerzen, Fuchsschwänze und andere exotische Blumen. Mit etwas Glück sichtet man Grüne Meerkatzen, die sich recht ungeniert an den Obstbäumen delektieren. Die vielen großen Tausendfüßler entlang des beschilderten Lehrpfades sind übrigens vollkommen harmlos. Debra Branker und Stacia Thorne, die Welchman Hall Gully wie einen privaten botanischen Garten führen, kennen jedes Eck des Areals und bieten nach telefonischer Voranmeldung (mindestens einen Tag vorher) interessante private Führungen an.

Sturges, St. Thomas • Tel. 4 38/66 71 • www.welchmanhallgully barbados.com • tgl. 9–16 Uhr • Eintritt 20 BD$

WUSSTEN SIE, DASS …

… die Grapefruit, eine Kreuzung zwischen Orange und Pampelmuse, erstmals in den Obstgärten von Welchman Hall Gully gezüchtet worden sein soll?

St. Lucia
Die markanten Vulkankegel Gros Piton und Petit Piton zieren so viele Postkarten und Prospekte, dass sie gut als attraktives Wahrzeichen der Kleinen Antillen schlechthin gelten können.

◄ In Castries, der Hauptstadt von St. Lucia, steht die Kathedrale der unbefleckten Empfängnis (▶ S. 71).

Gäbe es eine Hitliste der beliebtesten karibischen Fotomotive – die **Pitons** von St. Lucia hätten bestimmt beste Chancen auf Platz eins. Auf die Anmut der Insel und ihrer Bewohner spielt ihr klingender Beiname an: Helen of the West Indies, die »schöne Helena der Karibik«. Keine Frage, St. Lucia sprüht vor Charme. Und das Romantik-Image ist auch gut fürs Geschäft. So locken viele Hotels heiratswillige Paare mit speziellen »Honeymoon Packages« samt Behördengang, Hochzeitsmarsch und Blumenbukett. Mögen manche Kritiker bereits Kommerz und All-inclusive-Mentalität beklagen, ins Schwärmen kann man auf St. Lucia noch immer geraten – über so viel natürliche Pracht und lockere kreolische Lebensart.

Castries   ▶ S. 120, B 6

60 000 Einwohner

St. Lucias moderne Hauptstadt bietet außer der bevorzugten Lage an der tief eingeschnittenen Hafenbucht kaum echte Sehenswürdigkeiten. Zwei Großbrände legten Castries 1927 und 1948 in Schutt und Asche, sodass von kolonialzeitlicher Architektur kaum etwas übrig blieb. Dafür erweist sich der Bummel durch das Zentrum als Ausflug ins ungeschminkte Inselleben – inklusive der Hitze, des Lärms und des für eine Kleinstadt erstaunlichen Verkehrsaufkommens. Mittelpunkt der Stadt ist der **Derek Walcott Square,** benannt nach St. Lucias berühmtestem Sohn. Ein wunderschöner 400 Jahre alter Regenbaum (engl. Saman Tree) spendet hier ein wenig Schatten.

> ### WUSSTEN SIE, DASS ...
> ... St. Lucias Nationaldichter Sir Derek Walcott 1992 den Nobelpreis für Literatur erhielt? Der 1930 in Castries geborene Dichter schrieb auch Theaterstücke und Hörspiele.

Mit ihrem kühlen und einladend hellen Innenraum gefällt die katholische **Cathedral of the Immaculate Conception** (1897). Die einzige wirkliche Attraktion der Stadt ist der **Central Market,** zwischen Jeremie Street und Hafenbecken gelegen und schon aufgrund der Größe des Betonbaus nicht zu übersehen. Freitag- und samstagvormittags ist am meisten los, vor allem exotische Früchte und Gemüse aus dem Hinterland werden angepriesen. Zumindest die herrlichen aromatischen Bananen sollte man kosten, St. Lucias wichtigstes Agrarprodukt.

ÜBERNACHTEN

Auberge Seraphine

Für Inselhüpfer • Wer auf der Durchreise ist, liegt hier richtig:

gleich am kleinen innerkaribischen Flughafen und in Sichtweite des Hafens gelegen. Schöner Blick auf die Stadt. Die Zimmer sind hell und freundlich eingerichtet, das Preis-Leistungs-Verhältnis ist akzeptabel.
Vielle Bay, Pointe Seraphine • Tel. 4 53/20 73 • www.auberge seraphine.com • 28 Zimmer • €€

ESSEN UND TRINKEN
The Coal Pot
Am Hafen • Französisch-schweizerisch inspirierte Gourmetküche mit frischen Zutaten aus Meer und Plantagen, dazu mit wunderschönem Blick von der Terrasse über das Hafenbecken. Schöne Salate (Tipp: die Niçoise mit frischem Thunfisch), Callaloo-Soup, aber auch zarte Tenderloin Steaks.
Marina, Vigie Cove • Tel. 4 52/55 66 • www.coalpotrestaurant.com • €€€

Jacques Waterfront Dining
Weltküche • Küchenchef Jacky Rioux ist viel herumgekommen und bedient sich in den Rezeptbüchern des Fernen und Mittleren Ostens ebenso wie in der provenzalischen und karibischen Küche. Viel Fisch und Meeresfrüchte, günstiges Lunch-Menü.
Marina, Vigie Cove • Tel. 4 58/19 00 • www.jacquesrestaurant.com • €€

The Eateries
Rasta-Küche • An der Südseite der Markthalle bieten etwa ein Dutzend Garküchen mit Sitzgelegenheit für kleines Geld einfache Inselküche an. »Ground Provisions«, also Brotfrucht, Yams und Maniok, Kochbanane und alle möglichen vegetarischen Gerichte, zubereitet von gut gelaunten Rastafari-Köchen.
Peynier Street • €

EINKAUFEN
La Place Carenage
Ladengalerie mit Duty-free-Ware, Boutiquen und Schmuckhändlern.
Jeremie Street

Pointe Seraphine
Die als Hüttendorf aufgemachte Shopping Mall ist direkt am Kreuzfahrtpier gelegen. Inselweit die beste Auswahl an zollfreier oder vergünstigter Ware aus aller Welt.

SERVICE
AKTIVITÄTEN
Heritage Tours
▶ grüner reisen, S. 20

VERKEHR
Die meisten Minibusse fahren an der zentralen Darling Road los. Die einfach Fahrt nach Gros Islet (10 km) kostet 2,50 EC$, nach Soufrière (30 km) rechnet man mit 10 EC$.

> **WUSSTEN SIE, DASS ...**
>
> ... Männer aus St. Lucia den Ruf haben, die schönsten der Karibik zu sein? Die Konkurrenz ist allerdings groß ...

Ziele in der Umgebung
Marigot Bay ▶ S. 120, A 6
Die tief eingeschnittene, schmale Bucht mit dem kleinen Palmenstrand ist bei Jachties bekannt als einer der schönsten Ankerplätze der Kleinen Antillen. Eine kleine Fähre verbindet beide Seiten der Bucht miteinander. Dass Marigot

1967 Schauplatz des Hollywoodfilms »Doctor Doolittle« (mit Rex Harrison in der Titelrolle) war, wird immer noch gern betont.
6 km südwestl. von Castries

ÜBERNACHTEN/ESSEN UND TRINKEN
Marigot Bay Hotel
Boutiquehotel • Schickes Boutiquehotel mit unvergleichlichem Blick auf Bucht und Jachthafen. Tropisches Holz, Wellness-Center mit »Zen-Garten«, jedes Detail stimmt. Zur Happy Hour erholen sich in der Pink Snail Bar Jachtbesitzer und Millionärsgattinnen vom harten Alltag. Café und zwei Restaurants.
Marigot Bay • Tel. 4 58/53 00 • www.discoverystlucia.com • 122 Zimmer • €€€€

◎ Morne Fortune ▶ S. 120, B 6
Südlich des Stadtzentrums liegt über einen Hügel verstreut der Vorort Morne Fortune. Auf der aussichtsreichen Kuppe thront **Fort Charlotte,** von den Franzosen begonnen, von den Briten vollendet. Die Festung ist heute Sitz einer Privatschule. Ein Obelisk vor dem Fort erinnert an die vielen blutigen Schlachten, die um die Insel ausgefochten wurden. Zuerst waren es die Kariben-Indianer, die ihr Hewanorra (»Land des Leguans«) fast 100 Jahre lang gegen die Franzosen verteidigten. Danach wechselte St. Lucia 14-mal zwischen La Grande Nation und Great Britain hin und her. Afrikanische Sklaven und indische Einwanderer vervollständigten im Laufe der Kolonialzeit den insularen Genpool – vielleicht liegt es ja an dieser speziellen Mischung, dass vor allem die männlichen Saintlucians beim Rest der Karibik den Ruf genießen, besonders attraktiv zu sein.
5 km südl. von Castries

Die tiefe Marigot Bay (▶ S. 72) ist eine der schönsten Buchten der Kleinen Antillen und bei Seglern ein beliebter Ankerplatz.

ÜBERNACHTEN
The Green Parrot
Gute Aussichten • Schön auf halber Höhe am Morne Fortune gelegen, in 20 Minuten ist man zu Fuß in der Stadt. Das kreolische Restaurant ist Treffpunkt von Globetrottern und Einheimischen. Die Zimmer wirken etwas spartanisch, sind aber sauber und ihr Geld wert.
Harry Drive, Morne Fortune • Tel. 4 52/33 99 • 55 Zimmer • www.greenparrothotel.com • €€

Antillaner mögen auch beim Hausanstrich kräftige Farben.

◉ Rodney Bay ▸ S. 120, B 5
20 000 Einwohner

Entlang der Sandstrände nördlich von Castries reihen sich die Ferienhotels wie Perlen an der Schnur aneinander. Fast übergangslos erreicht man nach dem Ende der Landebahn des George F. L. Charles Airports zunächst die **Choc Bay,** wo erste Hotelanlagen und das Einkaufszentrum Gablewoods Mall auf zahlungskräftige Urlauber warten. Der Strand ist hier besonders gut zum Schwimmen geeignet, die Brandung sanft, der Sand weich wie Samt. Am größten ist die Auswahl an Resorts und All-inclusive-Clubs jeder Preislage an der lang gezogenen **Rodney Bay.** Während des Zweiten Weltkriegs bestand hier eine US-Basis für Wasserflugzeuge, die Jagd auf deutsche U-Boote machten. Erst in den 1970er-Jahren begann der Ausbau der touristischen Strukturen, und der Bauboom hält bis heute an. Landeinwärts liegt der schicke Jachthafen Rodney Bay Marina, noch vor wenigen Jahren eine trübe Mangrovenlagune, die ein Stichkanal mit dem Meer verbindet. Südlich des Kanals erstreckt sich die 2 km lange gelbsandige **Reduit Beach,** der populärste Strand im Norden St. Lucias und Laufsteg für Touristen, Strandverkäufer und Anbieter aller erdenklichen Wassersportarten. Fast übersehen könnte man bei all dem Trubel den einzigen gewachsenen Ort der Gegend, **Gros Islet.** Im Zentrum des früheren Fischerdorfes mit seinen windschiefen Holzhäusern trifft sich freitagabends die halbe Insel in Partylaune zum »Jump Up«, einem Straßenfest mit Musik, Tanz und frischem Fisch vom Grill.

Pigeon Island, nur noch dem Namen nach eine Insel, wurde 1970 durch einen 2 km langen Damm mit St. Lucia verbunden. Der normannische Freibeuter Francis le Clerc, genannt Jambe de Bois (»Holzbein«), ließ sich hier im 16. Jh. mit seiner Bande nieder, um spanische Galeeren zu kapern. 1778 errichtete der britische Admiral George Rodney auf dem südlichen Hügel von Pigeon Island ein Fort; von hier aus stach er 1782 mit 36 Kriegsschiffen in See, um in der Schlacht von Les Saintes (bei Guadeloupe) die britische Vormacht gegen die Franzosen zu untermauern. Pigeon Island steht als Nationalpark unter Verwaltung des St. Lucia National Trust (www.slunatrust.org, tgl. 9–17 Uhr, Eintritt 13 EC$). Die Reste des Forts können besichtigt werden, ein kleines Museum dokumentiert die kriegerische Historie des Ortes. Vom Signal Peak sieht man an klaren Tagen die Küste der Nachbarinsel Martinique, und auf einem Pfad umrundet man in 30 Minuten die Halbinsel.

16 km nordöstl. von Castries

SEHENSWERTES

Rainforest Aerial Tram

Ein kontrolliertes Abenteuer, und doch atemberaubend: Die lautlose Gondelfahrt in kundiger Begleitung eines biologisch geschulten Führers über den Regenwaldes hinweg. Alternativ saust man gut gesichert als Ein-Personen-Seilbahn per »Zip Line« über die Baumriesen.

Chassin, Babonneau (30 Auto-Min. östl. von Castries) • www.rainforestadventure.com • Gondelfahrt 72 US$, Zip Line 69 US$

ÜBERNACHTEN

East Winds Inn

Garten-Oase • Diskret in einem tropischen Park verteilte Häuschen im karibischen Stil, Luxus ohne Schnickschnack, viel Ruhe und lässige Eleganz. All-inclusive mit persönlichem Stil und fast familiärem Service. Kleiner Strand direkt vor der Anlage.

La Brelotte Bay, Gros Islet • Tel. 4 52/82 12 • www.eastwinds.com • 30 Einheiten • €€€€

Sandals Grande St. Lucian

Pärchen-Club • Beste Lage auf der Halbinsel vor Pigeon Island, toller Strand, alle Zimmer mit Meerblick. Das Motto lautet »Couples only«. Die sexuelle Ausrichtung spielt dabei keine Rolle – nur das Portemonnaie. All-inclusive auf hohem Niveau: Gourmetküche in sieben Restaurants, Sport, Wellness und sogar die Hochzeit an sich sind auf Wunsch im Preis inbegriffen. Großes Plus: Auch die anderen beiden Häuser der Kette können ohne Aufpreis genutzt werden.

Pigeon Point • Tel. 4 55/20 00 • www.sandals.com • 320 Zimmer • €€€€

Almond Morgan Bay

Für Familien • Das All-inclusive-Hotel an der wind- und brandungsarmen Choc Bay ist eine gute Wahl für Familien. Geboten wird ein großes Sportangebot, Unterhaltung für Kinder und Teenies und hochwertige Verpflegung. Die Zimmer in den drei- bis vierstöckigen Gebäudetrakten sind im englischen Kolonialstil eingerichtet.

Choc Bay • Tel. 4 50/25 11 • www.almondresorts.com • 340 Zimmer • €€€

Villa Beach Cottages

Für Selbstversorger • Ein- und Zwei-Zimmer-Apartments in modernen zweistöckigen Strandvillen, alle mit Balkon oder Terrasse sowie voll ausgestatteter Küche. Kein Restaurant, dafür mehr Ruhe als im klassischen Ferien-Resort.

John Compton Hwy., Choc Bay • Tel. 4 50/28 84 • www.villabeach cottages.com • 20 Einheiten • €€€

Bay Gardens Inn

Preiswert • Das kleine Hotel am Jachthafen von Rodney Bay liegt mitten im Zentrum der beliebten Hotelzone des Nordens. Die Zimmer sind modern und komfortabel, zum Strand sind es nur ein paar Minuten zu Fuß. Die Suiten im Schwesterhotel Bay Gardens Beach Resort verfügen über Küchen. Deluxe-Zimmer sind behindertengerecht ausgebaut.
Rodney Bay • Tel. 4 52/82 00 • www.baygardensinn.com • 30 Zimmer • ♿ • €€

Ginger Lily Hotel

Preiswert • Praktische Lage fünf Gehminuten vom Strand und mitten in Rodney Bay. Restaurants, Geschäfte und Wassersport – alles ist fußläufig erreichbar. Kleiner Pool, schöne große Zimmer mit Balkon – dafür beinahe ein Schnäppchen.
Rodney Bay Village • Tel. 4 58/03 00 • www.gingerlilyhotel.com • 11 Zimmer • €€

ESSEN UND TRINKEN

The Edge

Eurobbean Cuisine • Der Schwede Bobo Bergström ist der Star der jungen Gourmet-Szene St. Lucias. Gekonnt führt er Asien, Antillen und Alte Welt zusammen – und es entsteht tatsächlich etwas Neues: Eurobbean Cuisine. Tipp: Das 7-gängige Tasting Menu für 295 EC$. Frühstück, Lunch und Dinner.
Harmony Suites Hotel, Rodney Bay Village • Tel. 4 50/33 43 • www.edge-restaurant.com • €€€

Razmataz

Curry-Veranda • Massala, Vindaloo, Papadum & Co.: Authentische indische und nepalesische Spezialitäten, serviert auf einer stimmungsvollen Holzveranda. Vorsicht: Wenn es hot heißt, ist auch wirklich scharf gemeint.
Rodney Bay Village • Tel. 4 52/98 00 • www.razmatazstlucia.com • €€

Somewhere Special

Herzhaft • Das Besondere ist, dass es nichts Besonderes ist: einfache und bodenständige Inselküche, auch schon zum Frühstück geöffnet. Preiswert, freundlich, mittendrin. Und welches Restaurant ist im Nebenbetrieb auch noch Wäscherei?
Marie Therese Street, Gros Islet • Tel. 4 50/84 81 • €€

AM ABEND

Spinakers

Freundliche Strandbar unter englischer Leitung an der Reduit Beach, feine Cocktails, Barbecue-Küche, gelegentlich Livemusik.
Reduit Beach

◎ St. Lucia und die Pitons 🔖 8

▶ S. 120, A 7

9000 Einwohner

Schon die Straße nach Süden durch die friedlich dösenden Fischernester **Anse la Raye** und **Canaries** ist ein landschaftliches Erlebnis der Extraklasse. Auf zahllosen Haarnadelkurven führt sie über üppig überwucherte grüne Hügel und vorbei an immerfeuchtem Regenwald zu den Zuckerhut-Kuppen von Gros Piton (795 m) und Petit Piton (736 m). Charme hat hier sogar der Regen: Liquid Sunshine, »flüssige Sonne«, sagen die Einheimischen, wenn der

Sie sind aus allen Richtungen betrachtet immer wieder beeindruckend: die beiden Vulkankegel Gros Piton und Petit Piton (▶ S. 76), die St. Lucia dominieren.

Passat ein paar Tropfen aus den Bergen rund um Mount Gimie (950 m) an die Küste hinüberträgt. Castries mag die Hauptstadt sein, Rodney Bay das touristische Epizentrum. Das Herz der Insel ist jedoch allein **Soufrière**. Es wundert nicht, dass Llewellyn Xavier (geb. 1945), der bekannteste Maler der Kleinen Antillen, einen großen Teil seines Künstlerlebens dem Städtchen und den Pitons verschrieben hat. Immer wieder inspiriert ihn die magische Szenerie zu seinen charakteristischen Aquarellen (www.llewellynxavier.com). Der Name Soufrière (franz. »Schwefelgrube«) leitet sich ab von den vulkanischen Aktivitäten in der Region. Die **Sulphur Springs**, oft fälschlich als Drive-in Volcano tituliert, erweisen sich als unablässig vor sich hin blubberndes Feld aus Schlamm und faulig riechenden Schwefeldämpfen (tgl. geöffnet, Eintritt 7 EC$ inklusive Führung). Von seiner ästhetisch ansprechenderen Seite zeigt sich der Vulkanismus in den **Diamond Botanical Gardens** mit ihren Mineralquellen. Das bis zu 100 Grad heiße Quellwasser changiert beim Austritt aus der Erde zwischen gelb, grün und ockerfarben. Ludwig XVI ließ das heilende Wasser 1784 nach dem Vorbild von Aix-les-Bains in Becken fassen. Angeblich badete Napoleons Kaiserin Joséphine, eine Kreolin aus Martinique, in jungen Jahren hier. Heute kann man es ihr für 15 EC$ gleichtun, die Wassertemperatur in den Becken liegt bei rund 41 Grad (tgl. 9–17 Uhr, Eintritt (ohne Bad) 11 EC$). 40 km südwestl. von Castries

AKTIVITÄTEN

Tauchen an der Anse Chastenet

Ideal für Anfänger: Schnorchel-Trips und Tauchkurse unter deutschspra-

chiger Anleitung gibt es am Strand von Anse Chastenet; das wunderschöne Korallenriff direkt vor dem gleichnamigen Hotel (▶ S. 78) steht unter Naturschutz (Soufrière Marine Management Area).
Scuba St. Lucia • Anse Chastenet • www.scubastlucia.com

ÜBERNACHTEN

Fond Doux Estate
▶ grüner reisen, S. 19

Jalousie Plantation
Raum für Luxus • Das Luxushotel im kolonialen Look liegt nicht nur großartig zwischen Strand und Pitons, sondern bietet auf 130 Hektar Fläche so viel Raum, dass man anderen Gästen tagsüber kaum begegnet. Strand, »Privat-Urwald«, Gourmet-Restaurant, dazu ein großes Spa – Luxus pur.

MERIAN-Tipp

DASHEENE RESTAURANT
▶ S. 120, A 7

Es könnte sein, dass das Essen kalt wird – vor lauter Staunen über die atemberaubende Lage des Resort-Restaurants exakt zwischen den beiden Pitons. Die preisgekrönte kreolische Gourmetküche mit frischen regionalen Produkten wird beinahe zur Nebensache. Geöffnet zum Frühstück, Mittag- und Abendessen. Tipp: Sunday Brunch mit musikalischer Unterhaltung – reservieren!
Ladera Resort • Tel. 4 59/66 00 • www.ladera.com • tgl. 7–10, 11.30–14.30 und 18.30–21.30 Uhr • €€€€

Soufrière • Tel. 4 56/80 00 • www.jalousieplantation.com • 112 Einheiten • €€€€

Stonefield Estate
Villen mit Küche • An der Basis des Petit Pitons gelegenes Apartment-Hotel auf dem Grund einer früheren Kakaoplantage. Der Strand der Jalousie Plantation (▶ S. 78) kann mitbenutzt werden. Die Villen haben 1–3 Schlafzimmer und jeweils eine gut ausgerüstete Küche.
Soufrière • Tel. 4 59/56 48 • www.stonefieldvillas.com • 10 Villen • €€€€

Anse Chastenet
Blick mit Zimmer • Ein Hotel, das einfach alles hat: den dunkelsandigen Palmenstrand, traumhafte Ausblicke auf Meer, Regenwald und Pitons und ein Korallenriff zum Schnorcheln direkt vor der Tür. Der Clou: In den Premium-Zimmern gibt es kein Glas und nur drei Wände – man hat stattdessen quasi hautnahen Kontakt mit der tropischen Natur. Noch etwas mehr Luxus bietet das neue Hotel im Hotel namens **Jade Mountain**: Seine Infinity Suites öffnen sich ebenfalls ins Freie. Auf jeder Terrasse gibt es einen privaten Pool mit einem Piton-Blick, der niemals langweilig wird.
Anse Chastenet • Tel. 4 59/70 00 • www.ansechastenet.com und www.jademountainstlucia.com • 49 Zimmer und 24 Suiten • €€€ bzw. €€€€

Le Haut Plantation
Plantagenhotel • Die Plantage, die früher Kakao und Kopra produzierte, lebt heute von Obst und Gemüse für die Touristenhotels. Und natür-

lich von den eigenen Gästen, die 2,5 km oberhalb von Soufrière zwar keinen Strand vor der Tür haben, dafür aber Ruhe und einen herrlichen Blick auf die Küste genießen können.
La Haut, Soufrière • Tel. 4 59/70 08 • www.lahaut.com • 13 Zimmer • €€€

Mago Estate Hotel

Kleines Paradies • Nur einen Spaziergang vom Strand entfernt, haben alle Zimmer Sicht auf den Petit Piton. Offene Bauweise, Himmelbetten im Kolonial-Look. Für die Lage vergleichsweise preiswert.
Palm Mist, Soufrière • Tel. 4 59/58 80 • www.magohotel.com • 10 Zimmer • €€€

Hummingbird Beach Resort

Preiswert am Strand • Wer für die Traumlage Soufrières nicht gleich ein Vermögen loswerden will, kann hier für 100 US$ unterkommen – dafür wohnt man praktisch am nördlichen Rand der Stadt und auch noch direkt am Strand. Die Zimmer sind teils etwas dunkel, dafür entschädigt die schöne Poolterrasse mit Piton-Blick. Das Lifeline-Restaurant ist für solide karibische Küche bekannt.
Soufrière • Tel. 4 59/72 32 • www.istlucia.co.uk • 9 Zimmer • €€

ESSEN UND TRINKEN

Emerald's Restaurant

▶ grüner reisen, S. 19

Camilla's Restaurant

Westindisch • Einfaches und typisches Lokal im Ortszentrum. Auf der Veranda im zweiten Stock kommen vor allem Fisch und Meeresfrüchte auf den Tisch.
Bridge Street, Soufrière • Tel. 4 59/53 79 • €€

MERIAN-Tipp

BALENBOUCHE ESTATE

▶ S. 120, A 8

An der Südwestküste auf halbem Weg zwischen Choiseul und Laborie liegt dieses Plantagenhaus aus dem späten 18. Jh., über das sich gut ein eigenes Buch schreiben ließe. Uta Lawaetz und ihre Töchter Verena und Anitanja haben das Anwesen vor dem drohenden Verfall gerettet und daraus ein familiäres Guesthouse, Restaurant und lebendiges Museum gemacht. Die drei Frauen kennen wie niemand sonst die Historie von Balenbouche. Vier individuell eingerichtete Cottages verteilen sich im verwunschenen tropischen Garten. Eine alte Zuckermühle und zwei naturbelassene kleine Strände warten auf Entdecker. Auf der gemütlichen Holzveranda werden die Mahlzeiten serviert, dabei gibt es reichlich Gelegenheit zum Erzählen alter (Spuk-)Geschichten.
Choiseul • Tel. 4 55/12 44 • www.balenbouche.com • 4 Zimmer • €€ • Besichtigung 10 EC$ • Lunch und Dinner nur nach Voranmeldung • €€

AM ABEND

Friday Fish Fry

Einmal in der Woche wacht **Anse La Raye** auf: zur großen Straßenparty mit gegrilltem und frittiertem Fisch aus der Garküche, dazu Reggae, Zouk und Soca sowie Rum und Carib Beer.
Anse La Raye • Fr ab ca. 20 Uhr bis in die frühen Morgenstunden

Grenada ist eine Oase ursprünglicher Karibik, und nur wenige Kilometer abseits der Hotelmeile finden aktive Reisende unverbaute Strände und karibisch-cooles Dorfleben im Hinterland.

◄ Malerisch ist Grenadas Hauptstadt St. George's (▶ S. 81) mit den an den Hängen liegenden bunten Häusern.

Am Anfang war die Muskatnuss. Sie ziert sogar die Nationalflagge. Grenada, die Gewürzinsel, pflegt ihren Ruf als »Spice Island« der Antillen. Nicht nur Muskatbäume, auch Piment, Vanille, Zimt und Nelken gedeihen bestens auf den Vulkanböden. »Wirf irgendwo eine Handvoll Saatgut hin, und ein paar Tage später hast du einen Garten«, sagen die Grenadians. Auch das Geschäft mit dem Urlaubern floriert, aber so entwickelt wie die Nachbarn Barbados und St. Lucia ist Grenada längst nicht. Die Insel hat dennoch viel zu bieten: baden an der schönen Grand Anse Beach oder wandern im wilden Regenwald im Nationalpark **Grand Étang** 🔟 sind nur ein paar der Highlights.

St. George's ✱ ▶ S. 121, D 8
50 000 Einwohner
Stadtplan ▶ S. 83

Gut die Hälfte der Grenadians lebt im Großraum der Hauptstadt, die ihren besonderen Reiz aus der Lage an einem Naturhafen zwischen Meer und grünen Hügeln bezieht. Interessant ist der Mix kolonialzeitlicher Baustile: Von 1674 bis 1783 war Grenada in französischem Besitz, danach blieb die Insel britisch bis zur Unabhängigkeit 1974. Wie ein fernes Echo aus dem alten New Orleans wirken etwa die vielen roten Hausdächer mit Gauben, Fensterläden sowie die mit gusseisernem Zierrat geschmückten Veranden. Eher nüchtern und klar erscheinen dagegen Bauten im britischen georgianischen Stil, erkennbar am symmetrischen Grundriss mit klassizistischen Elementen. 2004 erlitt ganz Grenada durch den Hurrikan »Ivan« verheerende Schäden. Der Wiederaufbau ist inzwischen gut vorangekommen, und viele Inselbewohner freuen sich heute über eine weit bessere Infrastruktur als vor den Hurrikan-Zerstörungen.

SEHENSWERTES
Fort Frederick ▶ S. 121, B 3
Der Bau der Festung wurde 1779 erst von den Franzosen begonnen und anschließend von den Briten fertiggestellt, um wiederum die Franzosen von der Insel fernzuhalten. Die Aussicht auf St. George's und den Südteil der Insel ist hervorragend. Die Guides, die Besucher durch die Anlage führen, erwarten für ihre Dienste eine kleine Vergütung (ca. 10 EC$).
Richmond Hill (5 Min. per Minibus) • Mo–Sa 9–17 Uhr • Eintritt 3 EC$

MUSEEN
Grenada National Museum
▶ S. 83, b 2
Alles rund um die Inselgeschichte: von Steingravuren aus präkolumbischer Zeit über Exponate zur Kolonialzeit bis hin zum ersten Telegrafie-Gerät auf der Insel. Auch die

US-Invasion »Urgent Fury«, von Ronald Reagan 1983 wegen der angeblich drohenden Kubanisierung befohlen, ist u. a. mit verlorenen Stahlhelmen von US-Marines dokumentiert. Die kurios zusammengewürfelte Sammlung wird präsentiert in einem ehemaligen Gefängnis aus dem Jahr 1704.

Young Street (Ecke Monckton Street) • Mo–Fr 9–16.30, Sa 10–13 Uhr • Eintritt 5 EC$

SPAZIERGANG

Stadtplan ▶ S. 83

Der Rundgang beginnt am inneren Hafenbecken der **Carenage**, wo man an der neu gestalteten »Pedestrian Plaza« angenehm auf Bänken sitzt und auf die Fischerboote schauen kann. Eigentlich ist der schmale Naturhafen ein eingestürzter Vulkankrater, der für die riesigen Kreuzfahrtschiffe viel zu klein ist – die schwimmenden Hotels legen deshalb am äußeren Hafen vor der Stadt an. Die Einfahrt zur Carenage schützt das historische **Fort George**, erbaut von den Franzosen ab 1705. Die Inselpolizei hat hier ihr Hauptquartier, die robusten Mauern mit den alten Kanonen können aber dennoch begangen werden (tgl. 9–18 Uhr). Die andere, zum offenen Meer hin orientierte Seite der Stadt erreicht man entweder über die steilen Straßen der hügeligen Halbinsel von Fort George oder durch den **Sendal Tunnel**, 1895 von den Briten in die Felsen gehauen.

The Esplanade heißt die Uferstraße am äußeren Hafen. Kreuzfahrt-, Taxi- und Minibusterminal sorgen hier rund um die Uhr für »großen Bahnhof«. In Sichtweite liegt der **Market Square**, wo vor allem samstagmorgens alles gehandelt wird, was die Insel hervorbringt. Über den Ständen liegt permanent ein anregender Duft von Gewürzen und gegrilltem Fisch.

Parallel zum Market Square zieht sich die **Church Street** hügelaufwärts. Die Kirchen, allen voran die gotische Catholic Cathedral (1884) sowie die anglikanische St. George's Church (1825) mit ihrem markanten Uhrenturm, haben seit Hurrikan »Ivan« noch einige Renovierungsarbeiten vor sich. Ähnliches gilt für das georgianische **York House** (1780), Sitz des grenadischen Parlamentes.

Dauer: 2–3 Std.

ÜBERNACHTEN

The Lodge ▶ S. 121, B 3

Für Umweltbewusste • Ökologisch korrekter geht es kaum: Mary und Mark Kelly pflanzen für jeden neuen Gast, der per Fernflug anreist, einen Baum auf dem Anwesen. Der Blick von der Terrasse auf die Stadt ist einmalig, die Lage allerdings etwas »ab vom Schuss«. Im Preis der großen Suiten deshalb immer dabei: die rein vegane Halbpension.

Morne Jaloux • Tel. 4 40/23 30 • www.thelodgegrenada.com • 2 Suiten • €€€

Deyna's City Inn ▶ S. 83, a 1

Fast wie zu Hause • Deyna Hercules heißt die Besitzerin, und so resolut scheint die Dame auch zu sein. Ihr Hotel nahe The Esplanade hat die modernsten und hellsten Zimmer der Stadt, das Restaurant ist bekannt für authentische Inselküche.

Melville Street • Tel. 4 40/67 95 • www.deynascityinn.com • 12 Zimmer • €€

ESSEN UND TRINKEN

BB's Crab Back ▸ S. 83, c 2

Gehobene Inselküche • Schön an der Carenage gelegenes Lokal mit karibischen Spezialitäten mit Schwerpunkt Fisch und Meeresfrüchte. Küchenchef Brian Benjamin (»BB«), Grenada-Heimkehrer aus London, serviert richtig gute kreolische Kost. Spezialitäten: Crab Back – überbackenes Krebsfleisch, serviert im halbierten Panzer, und Ziegen-Curry.
Progress House • Tel. 4 35/70 58 • www.bbscrabback.co.uk • €€

Carenage Café ▸ S. 83, b 2

Roti und Burger • Einfache Gerichte, Snacks und gute Rotis, die leckeren indisch-kreolischen Curry-Wraps. Man sitzt angenehm schattig an der Carenage.
Carenage • Tel. 4 40/87 01 • €

EINKAUFEN

Arawak Islands Ltd.
▸ grüner reisen, S. 20

Grenada Chocolate Company
▸ grüner reisen, S. 20

Roots Rock Records ▸ S. 83, b 2

Aktuelle Hits und Evergreens aus Reggae, Dancehall und Soca.
Gore Street

Tikal ▸ S. 83, b 2

Eine nette Auswahl von Batik-Stoffen, bunten Textilien, Keramik und

MERIAN-Tipp

PATRICK'S HOMESTYLE COOKING ▶ S. 83, südöstl. c 3

Come hungry, eat hearty, »Komm hungrig, iss herzhaft«, so das Motto von Patrick Levine, der nach den Rezepten seiner Großmutter kocht und jeden Abend ein Potpourri aus 10 bis 20 verschiedenen authentischen Inselgerichten auftischt. Es gibt Gemüse, Lamm und Ziege, Huhn und Schwein, Fisch und Meeresfrüchte. Gegessen wird auf Plastikdecken und rostigen Stühlen, man zahlt einmal 25 US$ und kann dafür alles probieren. Dazu sorgt der Chef selbst mit Geschichten und Gesangseinlagen – je nach Tagesform – für Stimmung in dem unscheinbaren Betonbau an der Hauptstraße in Richtung Flughafen. Nach Vorbestellung am Vortag kocht Patrick auch den Eintopf Oil Down, das mächtige Nationalgericht aus verschiedenen Wurzelgemüsen, Dasheen-Blättern, Kokosmilch und Salzfleisch.
Lagoon Road • Tel. 4 40/03 64 • €€

anderen vergleichsweise geschmackvollen Mitbringseln.
Young Street

AM ABEND

Victory Bar & Grill ▶ S. 83, c 3
Lässige Bar und Restaurant am Jachtclub Port Louis, 2 km südlich des Zentrums. Die internationale Jachtie-Szene trifft sich hier, dazu gibt es am Wochenende oft DJ-Musik, dienstags Livejazz.
Port Louis Marina • Tel. 4 35/72 63 • €€€ (Restaurant)

SERVICE

AUSKUNFT
The Grenada Board of Tourism
▶ S. 83, b 2

The Carenage • Tel. 4 40/53 37 • www.grenadagenadines.com

BUSSE ▶ S. 83, a 2
Der zentrale Terminal für Minibusse liegt an der Esplanade (Kreuzfahrtterminal) von St. George's. Minibusse kosten maximal 5 EC$ (z. B. bis ans Nordkap bei Sauteurs).

TAXIS
Taxis sind stundenweise für ca. 40 EC$ zu haben; für die einfache Fahrt St. George's – Grand Anse sind 25 EC$ eine vernünftige Verhandlungsbasis.

Ziele in der Umgebung

◎ **Annandale Falls** ▶ S. 121, E 8
Die idyllischen Wasserfälle 5 km nordöstl. von Constantine sind ein beliebtes Ziel für Ausflügler und Landgänger von den Kreuzfahrtschiffen. In den Natur-Pools zu Füßen der Wasserfälle kann man gefahrlos baden.
Constantine • Mo–Fr 8–16 Uhr
7 km nordöstl. von St. George's

◎ **Carriacou und Petit Martinique** ▶ S. 121, E/F 5/6
Wem Grenada zu turbulent erscheint, der sollte sich einer der beiden nördlichen Grenadinen-Schwesterinseln zumindest für einen Tagestrip vormerken. Auf Carriacou (9200 Einwohner) und Petit Martinique (800 Einwohner) wird garantiert nichts überstürzt. Außer

herrlichen Stränden, Meer und Landschaft gibt es keinerlei touristisches Pflichtprogramm, nur absolute Ruhe, Frieden und Entspannung. »Aber das ist es ja gerade«, sagen die Insulaner.
Fährverbindungen mit dem Katamaran Osprey ab Carenage
St. George's • Tel. 4 40/81 26 • www.ospreylines.com

◎ Concord Falls ▸ S. 121, E 7

Das bergige Hinterland der Insel ist bekannt für seine zahlreichen tropischen Naturduschen. Einer der schönsten und am leichtesten erreichbaren Wasserfälle verbirgt sich bei Concord auf dem Areal einer Plantage. Vom Parkplatz am Ende der beschilderten Zufahrt geht man ca. zehn Minuten zu Fuß.
Concord Mountain Road • Eintritt 5 EC$
12 km nördl. von St. George's

◎ Gouyave ▸ S. 121, E 7

Hauptattraktion des kleinen Fischerstädtchens ist die Fabrik der **Nutmeg Cooperative,** wo die Muskatnuss-Ernte getrocknet, verarbeitet und für den Export konfektioniert wird. Besucher werden durch die intensiv duftenden Hallen geführt und können nett zurechtgemachte Gewürzkörbe kaufen.
Leider leiden die traditionsreichen Plantagen wie **Dougalston Estate** (1 km landeinwärts von Gouyave, Besucher willkommen) noch immer unter den Folgen von Hurrikan »Ivan«, der 2004 rund zwei Drittel der Muskatbäume vernichtete. Die Jahresproduktion der Insel brach ein von 2000 auf 200 Tonnen; frühestens 2015 wird wieder das alte Niveau erreicht sein können.
25 km nördl. von St. George's

◎ Grand Anse ▸ S. 121, D 8

Das touristische Zentrum der Insel und das eigentliche Reisemotiv für die meisten Grenada-Besucher ist der rund 3 km lange Strandbezirk südlich der Hauptstadt. Keine Stadt im eigentlichen Sinne, eher eine An-

So sieht eine frische Muskatnuss aus; wir kennen meist nur den braunen Kern.

sammlung von Hotels, Restaurants und Wassersport-Anbietern. Vorsicht ist geboten beim ersten Bad im Meer, denn der wunderschöne gelbe und weiche Muschelsand verleitet zu Übermut. Die Brandung und der stellenweise etwas unvermittelt steil abfallende Strand sollten nicht unterschätzt werden.
Südl. an St. George's anschließend

ÜBERNACHTEN

Spice Island Beach Resort

Erste Adresse • Um das offen gebaute Haupthaus in direkter Strand-

lage gruppieren sich Suiten und luxuriöse Mini-Villen, teils mit eigenem kleinen Pool vor der Tür, CD- und DVD-Player und Sauna. Vielleicht am schönsten: die »Seagrape Beach Suites« mit kleinem Innenhof und Garten zum Strand.
Grand Anse • Tel. 4 44/42 58 • www.spiceislandbeachresort.com • 64 Suiten • €€€€

Grenada Grand Beach Resort
Groß und komfortabel • Nach dem Wechsel von einer Hotelkette zur nächsten ist das größte Strandhotel nun unter unabhängiger Führung. Ganz los wird es das »Ketten-Feeling« dennoch nicht. Zimmer und Service sind jedenfalls tadellos, der schön begrünte Grund ist weitläufig genug, um keine Enge aufkommen zu lassen. WLAN sogar bis an den großen Pool!
Grande Anse • Tel. 4 44/43 71 • www.grenadagrand.com • 240 Zimmer • €€€

Allamanda Beach Resort
Gute Mittelklasse • Freundlich eingerichtete Zimmer mit kleinem Balkon, Pool, guter Strandlage, bodenständigem Restaurant, alles in allem: ein solides Feriendomizil ohne Schnickschnack zum wohl besten Preis-Leistungs-Verhältnis an der Grande Anse.
Grande Anse • Tel. 4 44/00 95 • www.allamandaresort.com • 50 Zimmer • €€

The Flamboyant
Mit Aussicht • Über dem südlichen Ende der Grande Anse in Hanglage, daher nicht direkt am Strand und mit vielen Treppenstufen – dafür mit dem schönstem Blick gesegnet. Die Zimmer haben z. T. Küchenzeilen, die Möblierung war vielleicht früher einmal modern. Viele Stammgäste, gute Stimmung in der Late Night Bar »The Owl«. Montags Krabbenrennen (Crab Race) – sollte man gesehen haben …
Grande Anse • Tel. 978/8013 • www.flamboyant.com • 67 Zimmer • €€

ESSEN UND TRINKEN
La Belle Creole
Frankreich trifft Karibik • Stilvolles Ambiente auf der Veranda, gediegene Atmosphäre mit Kerzenlicht, gehobene karibische Küche mit französischem Einschlag – ohne Effekthascherei.
Blue Horizons Garden Resort • Grande Anse • Tel. 4 44/43 16 • www.grenadabluehorizons.com/restaurant.htm • €€€

Coconut Beach Restaurant
Strand-Diner • Man speist direkt am Strand, die nackten Füße im kühlen Sand. Tagsüber Snacks und Drinks, abends Callaloo Soup, Langusten und Meeresfrüchte. Etwas zu teuer – die Location macht den Preis. An- und Abfahrt sicherheitshalber besser per Taxi – die Umgebung ist abends dunkel und einsam.
Grande Anse • Tel. 4 44/46 44 • www.coconutbeachgrenada.com • €€€

◎ Grand Étang National Park 10
▶ Touren und Ausflüge, S. 98

◎ Levera Beach National Park
▶ S. 121, F7

Das wenig besiedelte Nordende der Insel steht unter Naturschutz, da an die einsamen Strände Meeresschildkröten zur Eiablage an Land

Die Grand Anse Bay (▶ S. 85) liegt südlich von St. George's und ist mit dem bildschönen Palmenstrand und Ferienanlagen das touristische Zentrum Grenadas.

kommen und weil die unzugänglichen Mangroven ideale Nistplätze für Wasservögel bieten. Einen Eindruck bekommt man auch schon an der benachbarten **Bathways Beach**, einem wunderschönen und meist menschenleeren Sandstrand mit Picknickplatz unter Palmen. Vorsicht: Die Brandung ist heftig! Gefahrlos baden lässt sich dennoch in den von Felsen eingerahmten Natur-Badewannen am Westende des Strandes.

39 km nördl. von St. George's

◎ **Morne Rouge Bay** ▶ S. 121, D 8
Südlich der Grande Anse, gleich hinter einer hügeligen Halbinsel, liegt schon die nächste traumhafte Bucht. Viele Grenadier lieben ihre **Morne Rouge Bay** (▶ MERIAN-Tipp, S. 28) vor allem wegen des klaren und relativ ruhigen und familientauglichen Wassers. Palmen und Bäume sorgen außerdem für mehr Schatten als an der benachbarten Grande Anse. Der nahe Flughafen am **Point Salines** stört das Strandidyll kaum. Die Sicherheit

von US-Studenten an der privaten St. George's Medical University an der **True Blue Bay** lieferte für Ronald Reagan 1983 einen willkommenen Vorwand für den Marschbefehl zur Invasion. Heute sind die tief eingeschnittenen Buchten der Südküste bis **Lance aux Épines** friedliche Ankerplätze für Jachten und ideale Locations für luxuriöse, schöne Hotels.
8 km südl. von St. George's

ÜBERNACHTEN
La Luna
Balinesisch-italienisch • Etwas abseits von Morne Rouge hat sich Modemacher Bernardo Berlucci an einem Privatstrand seinen persönlichen Hotel-Traum verwirklicht. Die diskret in den Hang gebauten Luxus-Cottages haben Open-Air-Bäder, traumhaften Meerblick und Möbel im Kolonialstil.
Quarantine Point • Tel. 4 52/58 62 • www.laluna.com • 18 Cottages • €€€€

La Source
Wellness-Tempel • Auf einer Halbinsel fast schon in Gehweite des Flughafens (akustisch kein Problem) gelegen, mit umfangreichem Sportangebot. Schöne Strandlage, baulich vielleicht etwas überdimensioniert. Das große Wellness-Spa »Oasis« im marokkanischen Look ist die eigentliche Attraktion. Keine Kinder unter 16 Jahren!
Pink Gin Beach • Tel. 4 44/25 56 • www.theamazingholiday.com • 100 Zimmer • €€€€

True Blue Bay Resort
Toll für Taucher • Hübsch dekorierte Apartments mit Balkon und Küche, außerdem zweistöckige Villen mit Himmelbetten mit direktem Zugang zum Pool. Kein eigener Strand, dafür aber kostenloser Shuttle zur Grand Anse Beach. Die Tauch- und Schnorcheltouren des Aquanauts Dive Centers (www.aquanautsgrenada.com) starten von der Marina direkt vor der Haustür.
True Blue Bay • Tel. 4 43/87 83 • www.truebluebay.com • 31 Zimmer • €€€

Kalinago Beach Resort
Neu und nett • Vielleicht nicht gerade architektonisch originell, aber die 2009 erstellte dreistöckige Anlage liegt einfach optimal an der Morne Rouge Beach. Die Zimmer sind nett gemacht, und der Preis stimmt. Das benachbarte Schwesterhotel **Gem Holiday Resort** bietet zusätzlich 1- bis 2-Zimmer-Wohnungen für Selbstversorger.
Morne Rouge Bay • Tel. 4 44/52 55 • www.kalinagobeachresort.com und www.gembeachresort.com • 29 Zimmer bzw. 18 Ferienwohnungen • €€

AM ABEND
Fantazia 2001
Die rustikale Disco ist der Treff für Einheimische und Touristen gleichermaßen. Reggae, Dancehall, House und Soca von Mittwoch bis Samstag; ab Mitternacht geht's richtig los.
Morne Rouge • www.fantazia2001niteclub.com

◎ Sauteurs ▶ S. 121, F 6/7
Der Legende nach stürzten sich an der Steilküste 1651 die letzten karibischen Ureinwohner in den Atlantik, um nicht den französischen Sol-

daten in die Hände zu fallen. Der Ort der Tragödie, Caribs' Leap genannt, ist mit einem Bronzedenkmal gekennzeichnet.
40 km nordöstl. von St. George's

ÜBERNACHTEN
Petit Anse

Einsame Klasse • Sehr schön und absolut ruhig gelegenes, 2009 eröffnetes Hotel fernab des üblichen Ferientrubels. Gastgeber Annie und Philip Clift sorgen für ein beinahe familiäres Ambiente. Tipp: die »Chalets« mit Himmelbett und Meerblick bis Carriacou.
Sauteurs • Tel. 4 42/52 52 • www.petitanse.com • €€

ESSEN UND TRINKEN
Morne Fendue Plantation House

Plantagen-Lunch • Das viktorianische Herrenhaus (auch bekannt als »Betty Mascoll's«) stammt aus dem 19. Jh. Zur Besichtigung mit Lunch auf der angenehm luftigen Veranda meldet man sich am Vortag telefonisch an.
Sauteurs • Tel. 4 42/93 30 • www.mornefendueplantation.com • €€

◎ Underwater Sculpture Park
▶ S. 121, D 8

Ein einsamer Mountainbiker, stumme Kreistänzerinnen, ein versunkener Sekretär an seinem Schreibtisch: Es ist eine eigenartige Faszination, die von den lebensgroßen Skulpturen des Künstlers Jason deCaires Taylor ausgeht. Um die Figuren in 5 bis 8 m Tiefe betrachten zu können, braucht man nur Taucherbrille und Schnorchel. Sämtliche Tauchschulen der Insel haben entsprechende Touren im Programm.
Molinière Bay • www.underwatersculpture.com
5 km nördl. von St. George's

Die Kreistänzerinnen sind eine der Attraktionen im Underwater Sculpture Park (▶ S. 89) in der Molinière Bay. Man kann sie auf einem Schnorchelausflug besuchen.

Bunt wie die gesamten Kleinen Antillen sind auch die einfachen Fischerboote, die am Strand der Grand Anse Bay auf Grenada liegen und auf ihren Einsatz warten.

Touren und Ausflüge

Die Inseln sind viel zu interessant, um den Urlaub nur am Strand zu verbringen. Zwei Mietwagentouren und eine Wanderung eröffnen neue Horizonte.

Im Hinterland von Barbados – Historisches und Überraschendes

CHARAKTERISTIK: Inselrundfahrt mit dem Mietwagen **LÄNGE:** ca. 80 km **DAUER:** Tagestour, lässt sich auch in mehrere Etappen aufteilen **EINKEHR-TIPPS:** The Cove (▶ S. 56), Atlantic Park, Cattlewash, Tel. 4 33/94 95, nur mittags geöffnet €€ • The Round House Inn (▶ S. 56), Bathsheba, Tel. 4 33/96 78, www.roundhousebarbados.com €€
KARTE ▶ S. 119, E 4/F 3

Die »Highways« von Barbados, eher enge Landstraßen als Autobahnen, sind von Norden nach Süden nummeriert. Highway 1 führt z. B. von Bridgetown an der Westküste entlang nach Norden, Highway 7 von Bridgetown in Richtung Flughafen. Die Ringstraße um Bridgetown herum heißt ABC Highway.

Bridgetown ▶ Sunbury Plantation House

Die Tour durch das vielfältige und abwechslungsreiche Hinterland von Barbados beginnt in der Hauptstadt **Bridgetown**. Um die vormittägliche Rushhour im Straßengewirr des Stadtzentrums zu vermeiden, begeben Sie sich am besten rasch auf die gut ausgebaute Stadtumgehung, den **ABC Highway**. Von der Hotelzone im Süden kommend, beginnt dieser in Dover rechter Hand. Von der Platinum Coast kommend, biegt man an der Cave Hill University landeinwärts nach links ab. Dem Straßenverlauf folgen Sie dann bis zum J. T. C. Ramsey Roundabout an der Kreuzung mit dem Highway 5. Unverwechselbares Kennzeichen des Kreisverkehrs ist die **Emancipation Statue** in seiner Mitte: Bussa, Anführer der Sklavenrevolte von 1816, reckt dort die Fäuste mit den gesprengten Ketten in den Himmel. Nun führt der Highway 5 rasch aus dem Großraum der Hauptstadt heraus in Richtung Osten. Nach 10 km durch offene Hügellandschaft stößt man im Bezirk St. Phillip auf den Ort **Six Cross Roads**, wo tatsächlich sechs Landstraßen aufeinandertreffen. Gleich die erste Abzweigung am Kreisverkehr führt in fünf Minuten zur Auffahrt zum **Sunbury Plantation House**. Für den Besuch des historischen Herrenhauses veranschlagt man 45 Minuten; ein Parkplatz befindet sich direkt vor dem Anwesen.

Crane Beach ▶ Ragged Point

Wenn Ihnen nach dem Rundgang auf Sunbury nun nach einem Bad im Meer zumute ist, machen Sie einen Abstecher. Sie gelangen über Six Cross Roads auf einer Nebenstrecke in beinahe direkter Linie in Richtung Küste zunächst zum gut ausgeschilderten Crane Hotel. Parken Sie vor dem Hotel und nehmen Sie rechts an den neuen Anbauten des Hotels den Fußweg zur pinkfarbenen **Crane Beach** 2. Alternativ und weniger besucht: die **Bottom Bay** vor der geschlossenen Hotelanlage Sam Lord's Castle – ein Palmenstrand wie aus dem karibischen Bilderbuch. Danach lohnt sich auch noch der »Abstecher vom Abstecher« zum 3 km entfernten Leuchtturm am einsamen **Ragged Point**. Das windzerzauste und felsige Ostkap der Insel ist ein wunderbarer Aussichtspunkt auf den Ozean.

Sunbury Plantation House ▶ Bathsheba

Die Straße von Sunbury nach Norden kreuzt nach fünf Minuten den Highway 4B, dem man nach rechts bis Thicket folgt. Von dort folgen Sie der Beschilderung nach Norden in Richtung St. John und Bathsheba. Nach 4 km erreichen Sie die von schlanken Palmen gesäumte Zufahrt zum **Codrington College.** 30 Minuten für einen kurzen Rundgang im Park des herrlich gelegenen Theologieseminars sollte man sich unbedingt nehmen. Anschließend fahren Sie über Coach Hill hinauf zu dem Kalksteinplateau, auf dem die Gemeindekirche **St. John's Church** thront. Es empfiehlt sich, die Kirche durch den Friedhof einmal zu umrunden, um die Grabsteine und Sarkophage aus der Kolonialzeit zu würdigen und den Paradeblick auf die Ostküste zu genießen. Über den Ort Newcastle gelangen Sie auf die kurvenreiche Küstenstraße – linker Hand ist die Kammlinie von **Hackleton's Cliff** erkennbar, rechts fallen die Klippen steil zum Atlantik ab. Der nächste Stopp sind die **Andromeda Gardens,** aufgrund der wunderbaren Lage nicht nur für botanisch Interessierte ein Muss. In **Bathsheba** 3, an der weiten und brandungsreichen Tent Bay gelegen, ist es Zeit für den Lunch-Stopp. Vielleicht können Sie danach noch ein wenig den Surfern beim gekonnten Spiel mit den Wellen zusehen.

Bathsheba ▶ St. Nicholas Abbey

Über Cattlewash folgt die East Coast Road 7 km lang, quasi auf Augenhöhe mit der Brandung, direkt der Atlantikküste nach Norden. Für eine Fahrtpause bietet sich die schattige Picknickfläche **Barclays Park** direkt

Bathsheba (▶ S. 55) an der Tent Bay ist ein Dorado für Surfer, allerdings nur für Könner empfehlenswert. Alle anderen sollten besser die Landschaft genießen.

am Strand an. Landeinwärts tauchen nun bereits die rund 300 m hohen »Berge« des **Scotland Districts** auf. Die markante Kammlinie wird Sleeping Napoleon genannt, vermutlich ein Name aus der Zeit der Kriege gegen Frankreich.

Wer die geschickten Töpfer in den Ateliers am **Chalky Mount** bei der Arbeit besuchen möchte, kann dies am Ende der Stichstraße nach Südwesten tun. An der weiten Lakes Beach, wo der Belleplaine River mündet, strebt die Straße landeinwärts nach **Belleplaine**. Dort folgen Sie zunächst weder Highway 2 noch Highway 3, die im Ort aufeinandertreffen, sondern fahren stattdessen die schmale Landstraße hügelauf, an der restaurierten Zuckermühle **Morgan Lewis Windmill** vorbei, zur Anhöhe **Cherry Tree Hill**. Hinter dem eindrucksvollen Mahagonihain verbirgt sich **St. Nicholas Abbey** 3, das vielleicht schönste und ganz sicher älteste Plantagenhaus der Insel, dessen Besichtigung eine Stunde dauert.

St. Nicholas Abbey ▶ Harrison's Cave

Auf der Rückfahrt von St. Nicholas Abbey nach Belleplaine können Sie noch einmal die grandiose Aussicht von Cherry Tree Hill über die Ostküste genießen. Halten Sie sich im Ort links und nehmen Sie den Highway 2 in Richtung Bridgetown durch das »Bergland« von Barbados. Rechter Hand erhebt sich der 340 m hohe **Mount Hillaby**, nach rechts zweigt nach ca. 4 km ein Sträßchen zum sehenswerten **Flower Forest** 4 ab. Wiederum 2,5 km weiter liegt links der Hauptstraße **Welchman Hall Gully** 6, eine höchst malerisch verwilderte Obstplantage in einer Schlucht.

Da der Nachmittag sich hier vermutlich langsam dem Ende zuneigt, sollten Sie sich für eine der beiden botanischen Attraktionen entscheiden. Am Eingang zur Tropfsteinhöhle **Harrison's Cave**, die links des Highways ziemlich exakt in der geografischen Mitte der Insel liegt, beginnt die letzte Führung um 15.45 Uhr – vielleicht reicht die Zeit dafür gerade noch.

Harrison's Cave ▶ Bridgetown

Unübersehbar beginnt 8 km weiter westlich bereits die Peripherie der Hauptstadt. Im Vorort Sharon fällt sofort eine pink getünchte Kirche auf. Die **Moravian Church** wurde 1799 von Missionaren der Herrnhuter gegründet, einer aus Böhmen stammenden Freikirche.

Bald danach erreichen Sie wieder den Ausgangspunkt der Tour, den ABC Highway. Geradeaus gelangen Sie auf der Tudor Street zur **Careenage** von Bridgetown – ein schöner Ort für die Happy Hour wäre dort z. B. das Waterfront Café (▶ MERIAN-Tipp, S. 38). Oder Sie halten sich rechts in Richtung **Platinum Coast** 1, nach links geht es zum **Dover Beach**. Strandbars gibt es dort wie Sand am Meer, und der nächste Sonnenuntergang ist immer der schönste …

INFORMATION

Der Barbados National Trust macht im Winter jeden Mittwochnachmittag eines der vielen historischen Herrenhäuser in Privatbesitz der Öffentlichkeit zugänglich – ein gesellschaftliches Ereignis, auch für interessierte Touristen!
The Barbados National Trust • Tel. 4 26/24 21 • www.barbados.org/openhse.htm

MEIER'S WELTREISEN
Der Spezialist für alles Ferne

Karibik – MEIER'S WELTREISEN bietet mehr:

- Exquisite PREMIUM- und AUSLESE-Hotels
- Aktiv-, Wellness- und Familienhotels
- Segeltörns
- Rundreisen und Ausflüge
- Viele Sparangebote und Zusatzleistungen
- Exklusive VIP-Transfers
- Flexible Inselkombinationen – Pauschal & Individuell

Weitere Informationen und attraktive Angebote in Ihrem Reisebüro
oder unter www.meiers-weltreisen.de

St. Lucias Süden – Von Soufrière ✪ nach Vieux Fort

CHARAKTERISTIK: Mietwagentour entlang der Südwestküste St. Lucias LÄNGE: ca. 50 km (inkl. Rückfahrt entlang der Ostküste ca. 110 km) DAUER: 5 Stunden; bei Rückfahrt über die Ostküste 1 Tag EINKEHRTIPPS: Balenbouche Estate (▸ MERIAN-Tipp, S. 79), Choiseul, Tel. 4 55/12 44, www.balenbouche.com, tags zuvor anmelden!) €€ • Reef Beach Café, Anse de Sables Beach, Vieux Fort, Tel. 4 54/34 18 €€
KARTE ▸ S. 120, A 7

Auf dieser Strecke ist die Beschilderung der Straßen eher sporadisch bis nicht vorhanden – oft hilft nur fragen weiter.

Soufrière ▸ Fond Doux Estate

Die Tagestour, die um den Süden St. Lucias führt, beginnt am Morgen im Zentrum von **Soufrière** am Town Square. Am Marktplatz und an der Kirche vorbei geht es zunächst in östlicher Richtung zur historischen Plantage **Soufrière Estate,** zu der auch die ausgeschilderten **Diamond Botanical Gardens** gehören. Für den Spaziergang durch den tropischen Park müssen Sie ca. 30 Minuten veranschlagen. Anschließend geht es wieder zurück nach Soufrière, von wo aus diesmal die Straße parallel zur Küste nach Süden in wenigen Minuten zu den **Sulphur Springs** bei Malgrétout (franz. »trotz alledem«) führt. Wenn der Wind mitspielt, kündigen sich die Schwefel-

Fischerboote liegen an der Küste bei Soufrière. Das Tageswerk scheint schon getan, die Netze sind entwirrt und warten trocknend auf den nächsten Fischzug.

dämpfe mit der Duftnote »Faule Eier« schon von Ferne an. Den besten Blick über das brodelnde Feld hat man von der Aussichtsterrasse – betreten sollte man das Areal aus Sicherheitsgründen besser nicht. Für den nächsten Stopp bietet sich bereits nach 1 km in südlicher Richtung **Fond Doux Estate** an, eine Kakaoplantage, die in ein luxuriöses Öko-Hotel umgebaut wurde. Drei Spazierwege führen über das Gelände – zumindest einen kleinen Eindruck von der üppigen Tropenfauna zu Füßen der Pitons kann man auf der interessanten Stippvisite gewinnen.

Fond Doux Estate ▶ Choiseul

Auf der Weiterfahrt nach Süden passieren Sie hoch gelegene Regenwälder und Bananenplantagen, bevor die stellenweise von Schlaglöchern übersäte Straße wieder an die Küste führt. **Choiseul** ist ein schön gelegenes Fischerdorf mit einladender Kirche und einem adrett angelegten Beach Park. 2 km südlich führt meerwärts eine schmale, ungeteerte Straße zu **Balenbouche Estate**. Die Veranda des Herrenhauses ist ein idealer Ort fürs Mittagessen. Es lohnt sich, die malerisch verwilderte Plantage zu erkunden. Uta Lawaetz, die deutsche Besitzerin, hat sicher Tipps für Wanderungen in der näheren Umgebung, z. B. zu den Wasserfällen von **Saltibus** (ca. 2 Std.).

Choiseul ▶ Vieux Fort (▶ Windward Highway)

Durch das schläfrige Küstennest **Laborie** geht es weiter bis **Vieux Fort** (14 000 Einw.). In der früheren Hauptstadt St. Lucias werden Bananen für den Export verladen. Vom Leuchtturm am Südkap **Moule-à-Chique** können Sie bis zur Nachbarinsel St. Vincent sehen. Haben Sie sich für die kürzere Variante der Tour entschieden, führt die bekannte Strecke in umgekehrter Richtung rasch zurück. Haben Sie mehr Zeit, so können Sie auf dem recht gut ausgebauten **Windward Highway** entlang der Ostküste in drei Stunden über Castries zurück an die Westküste gelangen.

Vieux Fort ▶ Soufrière

Vorbei am Flughafen **Hewanorra** und in Sichtweite der naturgeschützten **Maria Islands** geht es in diesem Fall also zunächst nach Norden. Nahe **Micoud** lohnt der kurze Abstecher ins Landesinnere zu den **Mamiku Gardens,** einer alten Bananenplantage, auf der Orchideen, tropische Heil- und Zierpflanzen wuchern (www.mamiku.com). Die Atlantikküste gegenüber der Vogelinsel **Fregate Island** wirkt rau und im Vergleich zur Westküste wenig bewaldet. Der **East Coast Trail** auf den Klippen bei **Dennery** erinnert ein wenig an Küstenlandschaften im englischen Yorkshire. Im **Fond d'Or Nature History Park** (Tel. 7 20/22 96) stehen Überreste einer alten Zuckerplantage. Guides erklären, wie die Mühlen funktionierten und wie die afrikanischen Sklaven einst ausgebeutet wurden. An Baumfarnen und mächtigen Bambussträuchern vorbei klettert der Highway nun rasch höher und führt direkt ins grüne Zentrum St. Lucias. An der erstaunlich frischen Passhöhe **Barre de l'Isle Ridge** haben Sie vom gleichnamigen Aussichtspunkt einen wunderbaren Panoramablick über die ganze Insel – sofern es die unberechenbaren Passatwolken gerade zulassen. Via Castries erreichen Sie schließlich wieder die Westküste, wo sich in **Soufrière** der Kreis schließt.

Das grüne Herz Grenadas – Grand Étang National Park and Forest Reserve 🔟

CHARAKTERISTIK: Wanderung im Bergregenwald **LÄNGE:** maximal ca. 15 km bei ca. 300 m Höhenunterschied **DAUER:** 30 Minuten bis 5 Stunden Gehzeit, je nach gewähltem Trail **SCHWIERIGKEITSGRAD:** leicht bis mittelschwer **AUSRÜSTUNG:** leichte Wanderstiefel, Kopfbedeckung, lange Hosen und Ärmel **ANFAHRT:** ca. 45 Minuten mit dem Mietwagen oder per Bus Nr. 9 in Richtung Grenville **EINKEHRMÖGLICHKEIT:** keine – mindestens 1 Liter Trinkwasser p. P. mitnehmen! **HINWEIS:** Die Wanderungen auf den markierten Wegen sind gut in Eigenregie zu machen. Wer mehr vom Nationalpark sehen möchte, kann längere Touren sogar mit deutschsprachigem Führer buchen, z. B. bei Sunsation Tours, Tel. 4 44/15 94, www.grenadasunsation.com

Die Anreise von der Hotelmeile an der **Grand Anse** führt zunächst nach **St. George's** 🔸. Dort fahren Sie die Sans Souci Road an der Residenz des Premierministers vorbei das Tal des St. John's River hinauf. Die Insel-Transversale in Richtung Grenville ist teils sehr kurvig, aber in recht gutem Zustand. Die Namen der Ortschaften, Beaulieu, Snug Corner oder Constantine, sprechen für die wechselvolle Kolonialgeschichte, abwechselnd französisch und englisch. Nach etwa 7 km zweigt hinter Constantine ein Sträßchen zu den 16 m hohen **Annandale Falls** ab – vielleicht eine letzte Möglichkeit, sich vor der Wanderung noch einmal zu erfrischen. Nach weiteren 3 km ist bereits das Willkommensschild des Nationalparks erreicht. Riesenfarne und bis 20 m hohe Bambusstauden reichen bis auf die häufig regennasse Fahrbahn hinaus. Nach einem weiteren Kilometer zahlt man im **Visitors Center** einen Obulus in Höhe von 5 EC$ und kann sich dafür über Flora und Fauna des Nationalparks informieren. Die Karten der Trekkingpfade, die hier verteilt werden, wirken eher improvisiert. Aber die meisten Wege sind gut erkennbar und einigermaßen beschildert, sodass man sich auch ohne detailliertes Kartenmaterial zurechtfindet. Gleich unterhalb des Besucherzentrums liegt auf rund 560 m Höhe der Grand Étang, der dunkelgrüne Kratersee des Parks.

Shoreline Trail
In rund 90 Minuten kann man den See auf diesem Weg einmal komplett umrunden – der Weg ist eben und einfach, jedoch oft etwas schlammig und wenig aussichtsreich.

Morne La Baye Trail
In etwa 30 Minuten führt der einfache Weg auf ein Aussichtsplateau und wieder zurück zum Besucherzentrum – die einfachste und von vielen Tagesausflüglern bevorzugte Variante. Wenn nicht gerade ein Bus voller Kreuzfahrt-Landgänger unterwegs ist, hat man sogar schon auf diesem Spaziergang die Chance, Kolibris wie den smaragdgrünen Doktorvogel mit seinem gebogenen Schnabel bei der Nektarsuche zu beobachten. Es duftet nach nassem Holz und Erde, die Luft ist schwer wie im Gewächshaus.

Im Nationalpark Grand Étang (▶ S. 98) gibt es viele Wandertrails, auf denen man die aus Westafrika eingeschleppten Mona Monkeys beobachten kann.

Mount Qua Qua Trail

Dieser dreistündige Rundweg führt auf einen bewaldeten Bergkamm, der die schönsten Ausblicke über das dicht bewaldete Inselinnere erlaubt.

Der Trail beginnt etwa 100 m südlich vom Besucherzentrum auf der rechten Seite der Straße. Nach einer Abzweigung zum lohnenden Aussichtspunkt **Beauséjours Lookout** folgt der relativ bequeme Weg anschließend dem einstigen Kraterrand des 707 m hohen und oft von Passatwolken verhangenen Mount Qua Qua. Nur bei Regen kann es etwas glatt werden, vor allem an den steileren Passagen.

Seven Sisters Trail

Die vielleicht attraktivste Tour beginnt an einer Wellblechhütte der Bananen-Kooperative, die ca. 2 km nördlich des Besucherzentrums an der rechten Straßenseite steht. Etwa zwei Stunden rechnet man hin und zurück. Die Seven Sisters sind sieben Wasserfälle, die entlang der Strecke liegen. Das Wasser ist herrlich frisch und tief genug, um darin zu schwimmen.

Concord Falls Trail

Ein anspruchsvoller Trail, den man bei guter Kondition aber durchaus in Eigenregie bewältigen kann. Eine Abzweigung vom Mount Qua Qua Trail führt in insgesamt rund fünf Stunden quer durch den Nationalpark zu den **Concord Falls** nahe der Westküste bei Guoyave. Unterwegs passiert man Muskat- und Obstplantagen, und mit etwas Glück kann man die aus Westafrika eingeschleppten Mona-Affen beobachten, wie sie sich mit Mangos und Papayas versorgen. Von dort sind es noch 2,5 km bis ins Dorf Concord, von wo aus der Bus nach St. George's zurückfährt.

Lebhaft ist es am zentralen Busterminal (▶ S. 41) von Bridgetown, Barbados, wo die Einwohner auf ihren Bus warten. Diese sind nicht immer pünktlich, aber preiswert.

Wissenswertes
über die Inseln

Nützliche Informationen für einen gelungenen
Aufenthalt: Fakten über Land, Leute und Geschichte
sowie Reisepraktisches von A bis Z.

Auf einen Blick

Mehr erfahren über Barbados, St. Lucia und Grenada – Informationen über Land und Leute, von Bevölkerung über Geografie, Politik und Sprache bis Wirtschaft.

BARBADOS

AMTSSPRACHE: Englisch
BEVÖLKERUNG: 92% afrikanischer Herkunft, je 4% Europäer und Asiaten
EINWOHNER: 290 000
FLÄCHE: 431 qkm
HAUPTSTADT: Bridgetown, ca. 100 000 Einwohner
INTERNET: www.visitbarbados.co
RELIGION: ca. 70% Anglikaner, Rest Katholiken und christliche Freikirchen
STAATSFORM: konstitutionelle Commonwealth-Monarchie
STAATSOBERHAUPT: Königin Elisabeth II., vertreten durch Gouverneur Sir Clifford Straughn Husbands
VERWALTUNG: 11 Parishes
WÄHRUNG: Barbados Dollar (BD$)

ST. LUCIA

AMTSSPRACHE: Englisch
BEVÖLKERUNG: 83% afrikanischer Herkunft, je 3% Asiaten und Europäer
EINWOHNER: 167 000
FLÄCHE: 616 qkm
HAUPTSTADT: Castries, ca. 61 000 Einwohner
INTERNET: www.stlucia.org
RELIGION: 90% römisch-katholisch
STAATSFORM: konstitutionelle Commonwealth-Monarchie
STAATSOBERHAUPT: Königin Elisabeth II., vertreten durch Gouverneurin Dame Calliopa Pearlette Louisy
VERWALTUNG: 10 Distrikte
WÄHRUNG: East Carib. Dollar (EC$)

◄ Bar oder Kiosk? Hauptsache, es gibt Rum und kalte Getränke.

GRENADA
AMTSSPRACHE: Englisch
BEVÖLKERUNG: 95 % afrikanischer Herkunft
EINWOHNER: 100 000
FLÄCHE: 344 qkm
HAUPTSTADT: St. George's, ca. 35 000 Einwohner
INTERNET: www.grenadagrenadines.com
RELIGION: überwiegend christlich
STAATSFORM: konstitutionelle Commonwealth-Monarchie
STAATSOBERHAUPT: Königin Elisabeth II., vertreten durch Gouverneur Sir Carlyle Arnold Glean
VERWALTUNG: 6 Parishes und die Dependency Carriacou
WÄHRUNG: East Carib. Dollar (EC$)

Bevölkerung

Bis zu 95 % der Bevölkerung der Windward Islands stammen von ehemaligen westafrikanischen Sklaven ab. Den Rest stellen europäische und asiatische Minderheiten.

Geografie

Barbados, St. Lucia und Grenada zählen zu den Kleinen Antillen, die im englischen Sprachgebrauch unterteilt werden in die nördlichen Leeward Islands (Virgin Islands bis inklusive Guadeloupe) und die südlichen Windward Islands (Dominica bis Trinidad). Im Deutschen fasst man beide Gruppen meist zusammen als »Inseln über dem Wind«. 160 km entfernt vom Inselbogen der Antillen, liegt das flache **Barbados** gar nicht mehr in der Karibischen See, sondern im offenen Atlantik.

Politik

Alle drei beschriebenen Inseln sind unabhängige Staaten innerhalb des Commonwealth of Nations. Staatsoberhaupt ist daher die Queen. Seit der Unabhängigkeit waren vorwiegend marktwirtschaftlich-konservative Regierungen am Ruder – nur auf Grenada gab es eine kurze sozialistische Episode, die 1983 mit dem Einmarsch der US-Marines endete.

Sprache

Die Amtssprache ist Englisch, das aber im Alltag kaum an »The Queen's English« erinnern dürfte. Bajan heißt etwa der Inseldialekt auf Barbados, der in Vokabular und Grammatik einige Ähnlichkeiten mit westafrikanischen Idiomen aufweist. Auf St. Lucia ist Patwa oder Patois, eine melodiöse französische Kreolsprache, noch weit verbreitet.

Wirtschaft

Was während der Kolonialzeit Zuckerrohr, Kaffee und Baumwolle waren, sind heute Sonne, Strand und Stimmung: Rund drei viertel aller Arbeitsplätze hängen auf den Inseln vom Tourismus ab. Die Landwirtschaft vieler Inseln krankt an überkommenen Strukturen: Die Vielzahl der Kleinbauern kann nur mit einfachsten Mitteln winzige Felder bestellen bzw. nicht die überregionalen Märkte beliefern, während wenige Großbetriebe für den Export produzieren. Deshalb werden viele Lebensmittel importiert, während einheimische Mangos und Orangen an den Bäumen verderben. Das jährliche Pro-Kopf-Einkommen beträgt auf Barbados 7350 US$, auf St. Lucia 5723 US$, auf Grenada 4670 US$.

Geschichte

Ab 650 v. Chr.
Arawak-Indianer aus Südamerika siedeln sich auf den Kleinen Antillen an. Sie leben von Fischfang, Mais- und Maniokanbau, leben in Höhlen und einfachen Hütten.

Um 800 n. Chr.
Kriegerische Karib-Indianer verdrängen die Arawak auf St. Lucia und Grenada; Barbados erreichen sie vermutlich nicht.

1492–1498
Christoph Kolumbus, der sich auf dem Seeweg nach Indien wähnt, erreicht am 12. Oktober 1492 die Bahamas-Insel Guanahani (heute San Salvador). Auf seiner dritten Reise sichtet Kolumbus Grenada, segelt aber daran vorbei.

1625–1627
Kapitän John Powell von der »Olive Blossom« nimmt Barbados für England in Besitz. Die ersten 80 Kolonisten gehen bei Holetown an Land.

1650–1657
Die Franzosen nehmen St. Lucia und Grenada in Besitz. 1651 besiegen sie die Kariben auf Grenada, in St. Lucia dauern die Kämpfe gegen die Ureinwohner bis nach 1700 an.

1640
Einführung des Zuckerrohrs auf Barbados.

1640–1800
Der atlantische Dreieckshandel floriert: Bis zu 10 Mio. Sklaven aus Westafrika werden auf die Plantagen der Antillen verschleppt. Zucker, Rum, Indigo, Gewürze und Bananen bringen in Europa traumhafte Profite. Dafür decken sich die Plantagenfürsten dort mit Luxusgütern, Werkzeug und Waffen ein. 1673 hat Barbados erstmals mehr schwarze Sklaven als weiße Einwohner.

1675 und 1695
Geplante Sklavenaufstände auf Barbados werden entdeckt und niedergeschlagen, die Anführer der Aufstände hingerichtet.

1700–1740
Einbußen im Zuckerhandel durch Preisverfall und Seekrieg zwischen England mit Frankreich. Grenada und St. Lucia wechseln bis zu 14-mal den Besitzer.

1783
Grenada wird (im Frieden von Paris) zum letzten Mal britisch.

1816
Unter ihrem Anführer Bussa erheben sich 5000 Sklaven auf Barbados, werden aber erneut vom Militär besiegt.

1834–1840
»Emancipation Act« und nominelle Freiheit für die Sklaven auf allen britischen Inseln. Im »Contract Act« von 1840 werden befreite Sklaven zu Kleinpächtern und selbstständigen Bauern, bleiben aber faktisch rechtlos gegen die weiße Minderheit, die den Grundbesitz behält.

1843
Einführung der Muskatnuss auf Grenada.

Geschichte

1857
Die Krone wirbt indische Arbeiter für St. Lucia und Grenada an.

1884
Im »Franchise Act« erhalten Afro-Barbadier erstmals ein vermögensabhängiges Stimmrecht. Von insgesamt 160 000 Einwohnern dürfen jetzt 1300 wählen.

1850–1914
Auswanderungswelle: 20 000 Barbadier arbeiten beim Bau des Panamakanals mit.

1917
Marcus Garvey aus Jamaica findet mit seiner »Back-to-Africa«-Bewegung in der Karibik Anhänger.

1932
Barbardos beschließt das erste Jahresbudget für Tourismuswerbung: 200 Pfund.

1912–1948
Die Inseln leiden unter den Krisen in Europa; Absatzmärkte und Versorgungswege brechen während der beiden Weltkriege zusammen.

1940
Gewerkschaften werden auf Barbados offiziell zugelassen.

1951
Erste freie Wahlen auf Barbados; ab 1954 ebnet Premier Sir Grantley Adams mit behutsamen Reformen den Weg in die Unabhängigkeit.

1966
Barbados erklärt seine Unabhängigkeit. Grenada (1974) und St. Lucia (1979) folgen deutlich später.

1973
Gründung der CARICOM (Caribbean Community) mit dem Ziel der Handelsliberalisierung zwischen den Mitgliedsstaaten. Der gemeinsame Markt tritt 2000 in Kraft.

1979–1983
»Grenadische Revolution«: Premier Maurice Bishop wagt das sozialistische Experiment, die USA befürchten die Kubanisierung der Karibik. Als Bishop von Extremisten im eigenen Lager ermordet wird, marschieren die US-Marines ein.

1992
Literaturnobelpreis für Sir Derek Walcott (geb. 1930, St. Lucia).

1997/98
Staatsbesuche durch Bill Clinton (USA) und Fidel Castro (Kuba)

2004
Hurrikan »Ivan« fordert auf Grenada 39 Menschenleben und zerstört 90 % der Häuser.

2008
Premier Owen Arthur wird abgewählt, Nachfolger ist David Thompson (Democratic Labour Party).

2009–2010
Die globale Finanzkrise trifft die Antillen hart: Die Besucherzahlen gehen massiv zurück, und arbeitslos gewordene Auswanderer können ihre Familien auf den Inseln nicht mehr unterstützen.

2010
Barbados' Premier David Thompson stirbt an Krebs. Freundel Stuart übernimmt das Amt.

Sprachführer Englisch

Wichtige Wörter und Ausdrücke

ja – yes
nein – no
bitte – my pleasure, you're welcome
danke – thank you
Wie bitte? – Pardon?
Ich verstehe nicht – I don't understand you
Entschuldigung – Sorry, I beg your pardon, excuse me
Guten Morgen – Good morning
Guten Tag – Hello
Guten Abend – Good evening
Auf Wiedersehen – goodbye
Ich heiße … – My name is …
Ich komme aus … – I'm from …
Wie geht's? – How are you?
Danke, gut. – Thanks, fine.
wer, was, welcher – who, what, which
wie viel – how many, how much
Wo ist … – Where is …
wann – when
wie lange – how long
Sprechen Sie Deutsch? – Do you speak German?
Bis bald – See you soon
heute – today
morgen – tomorrow

Zahlen

null – zero
eins – one
zwei – two
drei – three
vier – four
fünf – five
sechs – six
sieben – seven
acht – eight
neun – nine
zehn – ten
zwanzig – twenty
einhundert – one hundred
eintausend – one thousand

Wochentage

Montag – Monday
Dienstag – Tuesday
Mittwoch – Wednesday
Donnerstag – Thursday
Freitag – Friday
Samstag – Saturday
Sonntag – Sunday

Unterwegs

Wie weit ist es nach …? – How far is it to …?
Wie kommt man nach …? – How do I get to …?
Wo ist …? – Where is …?
– die nächste Werkstatt? – the nearest garage?
– der Bahnhof/Busbahnhof? – the station/bus terminal?
– die nächste U-Bahn-/Bus-Station/der Flugplatz? – the nearest subway station/bus stop/the airport?
– die Touristeninformation? – the tourist information?
– die nächste Bank? – the nearest bank?
– die nächste Tankstelle? – the nearest gas station?
Wo finde ich einen Arzt/eine Apotheke? – Where do I find a doctor/a pharmacy?
Bitte voll tanken! – Fill up please!
Normalbenzin – Regular gas
Super – super
bleifrei – unleaded
rechts – right
links – left
geradeaus – straight ahead
um die Ecke – round the corner
Ich möchte ein Auto/ein Fahrrad mieten. – I would like to rent a car/bike.
Wir hatten einen Unfall. – We had an accident.

Sprachführer Englisch

Eine Fahrkarte nach … bitte! – A ticket to … please!
Ich möchte Geld wechseln. – I'd like to change money.

Übernachten

Ich suche ein Hotel/eine Pension. – I'm looking for a hotel/guesthouse.
Ich suche ein Zimmer für … Personen. – I'm looking for a room for … people.
Haben Sie noch Zimmer frei…? – Do you have any vacancies…?
– für eine Nacht? – for one night?
– für zwei Tage? – for two days?
– für eine Woche? – for one week?
Ich habe ein Zimmer reserviert. – I made a reservation for a room.
Haben Sie zum Wochenende einen Sonderpreis? – Do you offer a special weekend rate?
Wie viel kostet das Zimmer…? – How much is the room…?
– mit Frühstück? – including breakfast?
– mit Halbpension? – half board?
Kann ich das Zimmer sehen? – Can I have a look at the room?
Ich nehme das Zimmer. – I'll take the room.
Kann ich mit Kreditkarte zahlen? – Do you accept credit cards?

Essen und Trinken

Wir haben einen Tisch reserviert – We have booked a table.
Die Speisekarte bitte! – Could I see the menu please?
Die Rechnung bitte! – Could I have the check please?
Ich hätte gern… – I'd like to have …
Auf Ihr Wohl! – Cheers!
Wo finde ich die Toiletten (Damen/Herren)? – Where are the restrooms (ladies/gents)?
Kellner/in – waiter/waitress
Frühstück – breakfast
Mittagessen – lunch
Abendessen – dinner

Einkaufen

Wo gibt es …? – Where do I find …?
Haben Sie …? – Do you have …?
Was ist das/wie heißt das? – What is that/how do you call this?
Wie viel kostet das? – How much is this?
Das gefällt mir/gefällt mir nicht – I like it/I don't like it
Das ist zu teuer. – That's too expensive.
Ich nehme es. – I'll take it.
Geben Sie mir bitte 100 Gramm/ein Pfund. – I'd like to have one hundred grams/one pound
Danke, das ist alles. – Thank you, that's it.
geöffnet/ geschlossen – open/closed
Einkaufszentrum – shopping mall
Kaufhaus – department store
Lebensmittelgeschäft – grocery
Briefmarken für einen Brief/eine Postkarte nach Deutschland/Österreich/in die Schweiz – stamps for a letter/postcard to Germany/Austria/Switzerland

Ämter, Banken, Zoll

Haben Sie etwas zu verzollen? – Do you have anything to declare?
Ich habe meinen Pass/Brieftasche verloren. – I have lost my passport/my wallet.
Ich suche einen Geldautomaten. – I am looking for an ATM.
Ich möchte einen Reisescheck einlösen. – I'd like to cash a traveler's check.

Kulinarisches Lexikon

A
accra – (auch: Fishcakes) Fischküchlein aus eingesalzenem Kabeljau
ackee and saltfish – Aki-Pflaume (Frucht aus Westafrika) mit Kabeljau
alcoholic beverages– alkoholische Getränke
allspice – Piment, Nelkenpfeffer
almond – Mandel

B
bacon – Speck
bajan hot sauce – barbadische Chilisoße
bajan seasoning – barbadische Kräuterbeize
barbecue – Gegrilltes
beans – Bohnen
beef – Rindfleisch
beer – Bier
breadfruit – Brotfrucht

C
callaloo soup – Suppe aus Blättern der Taro-Pflanze (auch: dasheen)
cassava – Maniok, Yuca
catch of the day – fangfrischer Fisch
chicken (drumstick) – Hühnchen(keule)
chips – Pommes Frites
chutney – kalt eingelegtes Gemüse in scharfer oder süßsaurer Soße
cinnamon – Zimt
clove – Gewürznelke
coconut cake – Kokoskuchen
coconut milk – Kokosmilch
conch – Seeschnecke
conkie – mit Süßkartoffel und Kürbis gefüllte Bananenblätter
cou-cou – Püree aus Maismehl und Okraschoten (auch: fungi)
crab – Taschenkrebs
curry – Eintopfgericht nach indischem Vorbild

D
dasheen – Blätter der Taro-Pflanze (Kariben-Kohl)
deep fried – in Fett ausgebacken, frittiert
dolphin (auch: mahi-mahi) – Goldmakrele

E
eddoe – Knolle der Taro-Pflanze (Wasserbrotwurzel)
eggplant – Aubergine
entrée – Vorspeise

F
falernum – Sirup aus Mandeln, Ingwer, Limetten, Vanille, Piment
fig – Banane (eigentlich: Feige)
flying fish – fliegender Fisch
fried – in der Pfanne gebraten
fruit juice – Fruchtsaft
fruit salad – Obstsalat

G
garlic – Knoblauch
ginger – Ingwer
goat – Ziege
golden apple – Granatapfel
ground provisions – Wurzelgemüse (Überbegriff)
groundnut (auch: peanut) – Erdnuss

H
ham – Schinken
herbal tea – Kräutertee

I
ice cubes – Eiswürfel
iced tea – Eistee

itals – Rastafari-Ausdruck für Bio-Lebensmittel

J
jam – Marmelade
jelly – Gelee
juice – Saft

L
lamb chop – Lammkotelett
leek – Lauch, Porree
lemon – Zitrone
lentils – Linsen
lettuce – Kopfsalat
lime – Limette
lobster – Hummer, oft für Languste

M
mace – Macis (der Samenmantel der Muskatnuss)
main – Hauptgericht
marmalade – Orangenmarmelade
mashed potatoes – Kartoffelbrei
mauby – Erfrischungsgetränk auf Basis einer Kreuzdorn-Baumrinde
meat balls – Fleischklößchen
medium rare – halb durchgebraten
mustard – Senf

N
noodles – Nudeln
nutmeg – Muskatnuss
nuts – Nüsse

O
octopus – Tintenfisch
oil down – Eintopfgericht auf Grenada
on the rocks – auf Eis
onion – Zwiebel
orange juice – Orangensaft
oyster – Auster

P
pancake – Pfannkuchen
passionfruit – Maracuja
pastry – (süßes) Gebäck
pawpaw – Papaya
peas and rice – Reis mit Erbsen
pepperpot – Eintopfgericht
pie – Pastete, Torte
pigeon peas – Straucherbsen
pineapple – Ananas
plaintain – Kochbanane
pork – Schweinefleisch
potatoes – Kartoffeln
prawns – Garnelen
pumpkin – Kürbis

R
roti – gefüllte Teigtasche nach indischer Art

S
salad – Salat
salmon – Lachs
scallop – Jakobsmuschel
sea egg – Seeigel
sea food – Meeresfrüchte
shark – Hai
shellfish – Muscheln
(red) snapper – roter Schnapper (Tiefseefisch)
soursop – Stachelannone
sparkling – mit Kohlensäure
squid – Kalmar
steamed – gedämpft
sweet potatoe – Süßkartoffel
swordfish – Schwertfisch

T
tamarind – Tamarinde
tenderloin – Filetsteak
tuna – Thunfisch

V
veal – Kalbfleisch
vegetables – Gemüse

W
well done – durchgebraten
whipped cream – Schlagsahne

Reisepraktisches von A–Z

ANREISE

MIT DEM FLUGZEUG

Condor/Thomas Cook fliegt von Frankfurt direkt nach Barbados, St. Lucia und Grenada. Über London (i.d.R. mit Flughafenwechsel zwischen Heathrow und Gatwick) fliegt British Airways mehrfach wöchentlich auf die Inseln. Eine Alternative wären Verbindungen mit Air Canada über Toronto oder Montréal (teilweise mit Übernachtung). Mit American Airlines kann man außerdem via Miami oder New York anreisen, wobei man für den USA-Transit die aufwendigen und kostenpflichtigen Einreiseformalitäten einhalten muss. Die Preise für den Hin- und Rückflug liegen je nach Reisezeit in der Economy Class zwischen 700 und 1600 €.

Der Sir Grantley Adams Airport von **Barbados** (BGI) liegt ca. 10 km südlich von Bridgetown. Auf **Grenada** landet man auf dem Maurice Bishop Airport (GND) bei Point Salines, ca. 8 km südlich von St. George's. **St. Lucias** internationaler Flughafen Hewanorra (UVF) liegt am Südkap der Insel bei Vieux Fort, 70 km entfernt von der Hauptstadt Castries. Der kleine George F.L. Charles Airport (SLU) am Stadtrand von Castries wird nur für innerkaribische Flüge benutzt.

Auf www.atmosfair.de und www.myclimate.org kann jeder Reisende durch eine Spende für Klimaschutzprojekte für die CO_2-Emission seines Fluges aufkommen.

MIT DEM SCHIFF

Fast alle Kreuzfahrtreedereien haben die Inseln im Programm.

AUSKUNFT

IN DEUTSCHLAND, ÖSTERREICH UND DER SCHWEIZ

Aviareps Tourism GmbH
Josephspitalstr. 15, 80331 München • Tel. 0 89/5 52 53 38 00 • www.barbados-karibik.de

St. Lucia Tourist Board Deutschland
Eckenheimer Landstr. 483, 60435 Frankfurt • Tel. 0 69/89 00 90 81 • www.stlucia.org

Grenada Board of Tourism c/o Discover the World Marketing
Schenkendorfstr. 1, 65187 Wiesbaden • Tel. 06 11/2 67 67 20 • www.grenadagrenadines.com

AUF DEN INSELN

Barbados Tourism Authority
▶ S. 37, westl. a 1
Harbour Road, Bridgetown • Tel. 4 27/26 23 • www.visitbarbados.co

St. Lucia Tourist Board
▶ S. 120, B 6
Sureline Building, Vide Bouteille, Castries • Tel. 4 52/40 94 • www.stlucia.org

Grenada Board of Tourism
▶ S. 83, a 3
Bums Point, St. George's • Tel. 4 40/22 79 • www.grenadagrenadines.com

BUCHTIPPS

Derek Walcott: Erzählungen von den Inseln (Hanser, 1993) Der Literaturnobelpreisträger aus St. Lucia, der »Homer der Antillen«; ist hier mit einer Anthologie seines lyrischen Werkes vertreten. »Walcotts

Lyrik spricht für sich: Wer sich auf die Musikalität seiner Sprache, den spröden Charme seiner Bilder einlässt, der hat ihre Botschaft verstanden«, schrieb »Die Zeit«.

V.S. Naipaul: Auf der Sklavenroute. Meine Reise nach Westindien (List, 2001) Der zweite karibische Nobelpreisträger für Literatur (geb. 1932) stammt aus Trinidad und lebt seit 1950 in Großbritannien. Hier beschreibt er die Wiederbegegnung mit seiner Heimat nach 10 Jahren, gleichzeitig fasziniert von der Lebensfreude der Antillaner und abgestoßen von den herrschenden sozialen Strukturen – ein persönliches und doch auch politisches Werk.

Eva Rossmann: Karibik all inclusive. Ein Mira-Valensky-Roman (Folio, 2004) Mira Valensky träumt von einem idyllischen Urlaub unter Palmen, stattdessen erwartet sie auf der fiktiven Karibik-Insel St. Jacobs ein neuer Fall: Zwei ungleiche Hotelbesitzer streiten um den Platz an der Sonne. Korruption, Drogengeschäfte, Öko-Aktivisten und nicht zuletzt zwei Morde bringen die engagierte Wiener Journalistin ins Schwitzen.

Alex Webb: Karibik (Mare, 2010) Der New Yorker Magnum-Fotograf Alex Webb bereiste für den Bildband die Kleinen und Großen Antillen und porträtierte die Menschen und ihr vom Meer geprägtes Leben jenseits der gängigen Klischees.

Frauke Gewecke: Die Karibik: Zur Geschichte, Politik und Kultur einer Region (Vervuert, 2007) Hervorragend geschriebenes und klar gegliedertes Standardwerk für alle, die mehr wissen wollen über eine häufig zu Unrecht auf das reine Urlaubsparadies reduzierte Weltgegend.

DIPLOMATISCHE VERTRETUNGEN
BARBADOS
Deutsches Honorarkonsulat
▶ S. 37, südl. c 2

Suite No. 1, Pasea Financial Building, Corner Harts Gap/Dayrells Road, Bridgetown • Tel. 4 27/18 76

Österreichisches Honorarkonsulat ▶ S. 119, E 4

Knowlton, Exeter Road, Navy Gardens Gap, Bridgetown • Tel. 4 39/30 00

Schweizer Konsulat ▶ S. 119, D 3

24, Cane Garden Heights, St. Thomas • Tel. 4 25/32 81

ST. LUCIA
Deutsches Honorarkonsulat
▶ S. 120, A 8

Saphire Estate, Diamond, Soufrière • Tel. 4 59/79 77

Österreichisches Honorarkonsulat ▶ S. 120, B 5

Rodney Bay, Cap Estate • Tel. 4 56/35 00

GRENADA
Deutsches Honorarkonsulat
▶ S. 121, D 8

Fontenoy, St. George's • Tel. 4 40/72 60

Österreichisches Honorarkonsulat ▶ S. 121, D 8

Wildlife House, Petite Calivigny Woburn, St. George's • Tel. 4 43/34 24

FEIERTAGE

1. Januar Neujahr (auf St. Lucia auch am 2. Januar)
21. Januar Errol Barrow's Day (Barbados)
7. Februar Independence Day (Grenada)

22. Februar Independence Day (St. Lucia)
März/April Karfreitag und Ostersonntag
1. Mai Tag der Arbeit (Labour Day)
1. August Emancipation Day (St. Lucia)
August Karneval – erster Montag und Dienstag des Monats
Oktober United Nations Day (Barbados – erster Montag des Monats)
25. Oktober Thanksgiving (Grenada)
30. November Independence Day (Barbados)
13. Dezember National Day (St. Lucia)
25./26. Dezember Weihnachten

GELD

BARBADOS

10 BD$	3,62 €/4,56 SFr
1 €	2,67 BD$
1 SFr	2,05 BD$

ST. LUCIA/GRENADA

10 EC$	2,73 €/3,43 SFr
1 €	3,63 EC$
1 SFr	2,79 EC$

Bezahlt wird auf den Inseln grundsätzlich in Landeswährung, also auf Barbados mit dem Barbados Dollar (BD$) und auf St. Lucia und Grenada mit dem East Caribbean Dollar (EC$). Aber auch US$ werden fast überall akzeptiert, Euro dagegen nicht. In Hotels und gehobenen Restaurants sind **Kreditkarten** gern gesehen. **Geldautomaten** und **Banken** befinden sich an den Flughäfen, in den Hauptstädten sowie in den Touristenzentren. Die Schalter sind Mo–Fr von 8.30–13 Uhr geöffnet.

INTERNET

www.visitbarbados.co
Englischsprachige offizielle Seite der Tourism Authority, aufgemacht als »Insellexikon« mit vielen praktischen Infos und Links.
www.karibik-barbados.de
Das offizielle deutsche Pendant, nicht ganz so umfangreich wie auf Englisch, aber doch ein sehr guter virtueller Einstieg.
www.stlucia.org
Die deutsch- und englischsprachige offizielle Seite des St. Lucia Tourist Boards.
www.jetzt-saintlucia.de
Deutsche Seite mit aktuellen Pauschalangeboten, Links und allgemeinen Infos zum Download.
www.spicegrenada.com
Grenadas Online-Zeitung versorgt Einheimische und Besucher zuverlässig mit allen Neuigkeiten von der Insel.
www.grenadagrenadines.com
Die offizielle Seite Grenadas mit allen Infos rund um Petit Martinique, Carriacou und natürlich Grenada selbst.
www.karibik-info.de
Die deutschsprachige Seite der Caribbean Tourism Organiation (CTO) mit Hauptsitz auf Barbados stellt in Länderporträts ihre Mitgliedsstaaten vor.

MEDIZINISCHE VERSORGUNG

Um Magen- und Darmproblemen vorzubeugen, sollte man Leitungswasser und ungewaschenes Obst meiden. Eine Hepatitis-A-Vorsorge und eine Auffrischung von Tetanus- und Diphterieimpfungen sind sinnvoll, spezielle Impfungen sind aber nicht angezeigt. Tropische Krankheiten wie Malaria, Gelbfieber oder

Cholera kommen nicht vor. AIDS ist auf allen Inseln verbreitet. Sandflöhe und Moskitos können lästig fallen, gegen Letztere helfen Insekten-Lotionen sowie langärmlige Hemden und Hosen.

KRANKENVERSICHERUNG

Arzt- und Heilkosten müssen grundsätzlich verauslagt werden, und der Abschluss einer Reisekrankenversicherung inklusive des medizinisch sinnvollen Rücktransportes sollte selbstverständlich sein.

KRANKENHAUS

Auf **Barbados** ist die medizinische Infrastruktur recht gut ausgebaut, in Bridgetown findet man solide ausgestattete Arzt- und Zahnarztpraxen sowie eine öffentliche Klinik, die allen Notfällen gerecht wird. Auf **St. Lucia** und **Grenada** ist die Versorgung eher begrenzt; in komplexen Fällen werden ausländische Patienten meist ausgeflogen.

The Queen Elizabeth Hospital
▶ S. 121, E 4
Belleville, Bridgetown • Tel. 2 46/4 26 00 15 • www.qehconnect.com

APOTHEKEN

Apotheken findet man in den Hauptstädten und in den größeren Touristenzentren. Sie sind in der Regel Mo–Fr von 8–17 Uhr und Sa von 8–12 Uhr geöffnet.

NOTRUF

Barbados: Tel. 211 (Polizei), 511 (Notarzt), 311 (Feuerwehr)
St. Lucia: Tel. 999 (Polizei) und 911 (Notarzt, Feuerwehr)
Grenada: Tel. 911 (Polizei, Notarzt, Feuerwehr)

NEBENKOSTEN

1 Bier im Rum Shop	2,00 €
	(im Hotel 5,00 €)
1 Cola/Limo im Rum Shop	1,50 €
	(im Hotel 3,00 €)
0,7 l Rum (Supermarkt)	12,00 €
1 Tasse Kaffee	2,00 €
1 Liter Benzin	0,95 €
Einzelfahrt im öffentl. Bus	0,50 €
Mietwagen/Tag	ab 60,00 €

POST

Die Briefkästen sind rot, Postämter haben meist Mo–Fr von 8–13 Uhr und von 15–17 Uhr geöffnet. Briefmarken bekommt man auch an Hotelrezeptionen. Postkarten nach Europa sind ca. 7–10 Tage unterwegs und kosten 1,75 BD$ bzw. 0,70 EC$ (St. Lucia), und 1 EC$ (Grenada). Nachrichten, die zuverlässig ankommen sollen, schickt man besser per E-Mail.

REISEDOKUMENTE

Deutsche, Österreicher und Schweizer benötigen einen gültigen Reisepass, der sechs Monate über die Reise hinaus gültig sein muss, und ein Rückflugticket. Kinder unter 16 Jahren müssen im Pass eines Elternteils eingetragen sein oder benötigen einen Kinderausweis mit Lichtbild bzw. einen Kinderreisepass, der ebenfalls noch sechs Monate gültig sein muss. In das meist schon im Flugzeug verteilte Einreiseformular muss der Name der gebuchten Unterkunft eingetragen werden. Eine für 28 Tage gültige Aufenthaltserlaubnis wird in den Pass gestempelt, begleitet von einer kleinen »Immigration Card«. Diese muss bei der Ausreise wieder vorgelegt werden.

REISEKLEIDUNG

Für das Klima der Tropen sind leichte und atmungsaktive Baumwollsachen ideal. In Hotels und Restaurants gehobener Klasse wird nach Sonnenuntergang gepflegte Kleidung erwartet – »Casual Elegance« ist das Motto, also informelle Eleganz. Für Herren dürfen es durchaus ein leichtes Sommersakko und geschlossene Lederschuhe sein, für die Dame das »kleine Schwarze«. Totale Tabus sind Strandbekleidung auf der Straße, Badelatschen und allzu freizügige Oberteile bei gesellschaftlichen Anlässen – in der einfachen Strandbar wird dies freilich niemanden stören. Eine Kopfbedeckung ist für alle Outdoor-Aktivitäten Pflicht! Niemals unterschätzen sollte man ohnehin die Intensität der tropischen Sonne – selbst bei bewölktem Himmel holt man sich als Bleichgesicht rasch einen üblen Sonnenbrand. Also: Sonnencremes mit hohem Lichtschutzfaktor einpacken!

REISEKNIGGE

»Tekking time ain't laziness« lautet die Bajan-Variante des Sprichwortes »Eile mit Weile«. Wenn die Dinge manchmal etwas länger dauern, erreichen Sie in der Karibik mit einem Lächeln und Geduld mehr als mit Unmut und Widerspruch. »Please« und »thank you« kann man gar nicht oft genug sagen. Auf unsensible Fotografen reagieren die Insulaner zu Recht unwirsch. Wenn Sie vor dem Knipsen ein freundliches Gespräch beginnen und höflich fragen, wird es dagegen keine Probleme geben. FKK und »Oben ohne« sind verpönt und sogar verboten.

REISEWETTER

Das Klima auf den Antillen ist tropisch warm und sehr ausgewogen. Die durchschnittlichen **Temperaturen** betragen ganzjährig angenehme 25–30 °C. Auch nachts sinkt das Thermometer kaum unter 20 °C. Die wichtigsten Zutaten in der karibischen Wetterküche sind die atlantischen Passatwinde (engl. trade winds). Sie bringen in der feuchten Jahreszeit Regenwolken und sorgen während der Mittagshitze mit einer frischen Brise für Kühlung. Das für die tropische Klimazone typische Wechselspiel zwischen **Regen- und Trockenzeit** bedingt auf den Inseln eine Unterscheidung in Haupt- und Nebensaison. Während der Monate November bis April bleibt der Himmel meist strahlend blau. Durch die

Mittelwerte	JAN	FEB	MÄR	APR	MAI	JUN	JUL	AUG	SEP	OKT	NOV	DEZ
Tagestemperatur	27	28	29	29	29	29	29	30	29	29	28	
Nachttemperatur	22	21	22	22	23	23	23	24	24	23	23	22
Sonnenstunden	8	8	9	9	8	8	8	8	7	7	8	8
Regentage pro Monat	17	12	13	13	15	18	22	20	19	18	17	16
Wassertemperatur	26	26	27	27	27	27	28	28	28	28	28	27

Regenzeit muss sich niemand von Reiseplänen abhalten lassen. Dauergüsse sind selten, meist bricht nach wenigen Stunden wieder die Sonne durch; außerdem ist die Dusche stets angenehm temperiert. Die Temperatur des Meeres fällt niemals unter 20 °C. Perfekt wäre das karibische Wetter, gäbe es nicht solche Phänomene wie »Hugo«, »Andrew« oder »Ivan«. **Tropische Wirbelstürme,** von den Arawak »huracán« genannt und von Meteorologen mit harmlos klingenden Vornamen belegt, stellen während der Hurrikanzeit von August bis September eine Bedrohung dar – allerdings kaum noch für Barbados, liegt es doch schon fast außerhalb der Hurrikanzone.

SICHERHEIT

Vernünftiges Verhalten vorausgesetzt, sind die Inseln recht sichere Reiseziele. Nachts sollte man unbeleuchtete und unbelebte Zonen am Rande von Touristengebieten meiden, z. B. in Grande Anse (Grenada), Rodney Bay (St. Lucia) oder St. Lawrence Gap (Barbados).

STROM

Für elektrische Geräte wird ein Steckeradapter benötigt. Adapter kann man in den meisten Hotels an der Rezeption leihen.

TELEFON
VORWAHLEN

D, A, CH ▸ Barbados 00 1-2 46
D, A, CH ▸ St. Lucia 00 1-7 58
D, A, CH ▸ Grenada 00 1-4 73

Barbados, St. Lucia, Grenada ▸ D 00 49
Barbados, St. Lucia, Grenada ▸ A 00 43
Barbados, St. Lucia, Grenada ▸ CH 00 41

Das Telefonsystem auf den Inseln ist recht gut ausgebaut, am besten auf Barbados. Öffentliche Fernsprecher (Münzen und Karten) gibt es in jeder Ortschaft. Das deutsche Mobiltelefon funktioniert auf allen Inseln problemlos. Man sollte sich schon vor Reiseantritt über die günstigsten Roamingtarife informieren. Unter Umständen ist es günstiger, sich vor Ort eine SIM-Card zu kaufen. Oder noch besser: kostenlos über den eigenen Laptop im Internet (»Skype«) telefonieren – die meisten Hotels bieten ihren Gästen inzwischen kostenlos WLAN.

TRINKGELD

Restaurants berechnen obligatorisch 10 % Bedienungsgeld (»Service Charge«). Es ist üblich, weitere 5 % als Trinkgeld zu geben – vorausgesetzt, man war tatsächlich zufrieden mit dem Service. Kofferträger und Zimmermädchen erhalten ca. 1 US-$ pro Gepäckstück bzw. Übernachtung. Taxitarife können aufgerundet werden. Arbeitslose junge Männer versuchen häufig, sich z. B. als »Guides« oder Parkwächter für den Mietwagen ein paar Dollars zu verdienen. Um sich nicht ihrem Zorn auszusetzen, sollte man ihren Dienst mit eindeutiger Geste gar nicht erst in Anspruch nehmen bzw. nicht ihre Forderungen ablehnen, nachdem man ihren Service erst stillschweigend akzeptiert hat.

VERKEHR
BUSSE

6–8-sitzige Minivans (»Reggaebus«, »ZR«, »Jitneys«) sind für die Einheimischen die wichtigsten Transportmittel. Die Fahrweise der Kleinunternehmer am Steuer ist atemberaubend, die Reise für kleines Geld immer ein Erlebnis. Es gibt keine fixen Haltestellen, gefahren und gehalten wird nach Bedarf. Auf Barbados verkehren zusätzlich die größeren blau-gelb lackierten öffentlichen Busse – nach Fahrplan und mit Haltestellen.

FÄHREN

Die Schnellfähre Osprey Express (www.ospreylines.com) verbindet Grenada mit Carriacou und Petit Martinique. Mit dem L'Express des Îles (www.express-des-iles.com) kann man von St. Lucia auf die nördlichen Nachbarinseln Martinique und Dominica gelangen.

FLUGZEUG

Innerkaribische Flüge sind schnell und umkompliziert übers Internet buchbar. Die drei beschriebenen Inseln sind mit der Gesellschaft LIAT (Spitzname: Leaves Island Any Time – »irgendwann fliegen sie immer«) mehrfach täglich miteinander verbunden. Einfache Flüge sind bereits ab ca. 50 US$ zu haben. Info unter www.liat.com.

MIETWAGEN

Mietwagen werden überall auf den Inseln angeboten, direkt am Flughafen oder im Hotel. In der Hauptsaison sollte man dringend im Voraus buchen – gerade um Weihnachten herum gibt es oftmals keine Autos mehr. Es ist ratsam, eine Vollkaskoversicherung (Collision Damage Waiver – CDW) abzuschließen. Die Tagespreise für Kleinwagen ohne Kilometerbegrenzung liegen bei 70–90 US$; eine Kreditkarte wird bei der Anmietung vorausgesetzt. Außerdem muss man eine nationale Fahrerlaubnis erwerben, die man gegen Vorlage des Führerscheins und nach Entrichtung einer Gebühr (ca. 15 €) erhält. Defensives Verhalten am Steuer ist angebracht. Gerade Bergstrecken sind eng und kurvig, der Belag ist oft löchrig. Außerdem fahren viele Einheimische frei nach dem Motto: »Wieso bremsen, solange die Hupe geht?« Wer auch entlegenere Ecken erkunden möchte, ist mit einem Geländewagen gut bedient. Achtung: auf allen drei Inseln wird links gefahren!

ZEITUNGEN

Die wichtigsten tagesaktuellen Publikationen auf den Inseln sind »The Barbados Advocate«, »The St. Lucia Star« und »The Grenadian Voice«, alle auf Englisch.

ZEIT

Auf Barbados, St. Lucia und Grenada gilt die Atlantic Standard Time (MEZ -6 Std. im Sommer, MEZ -5 Std. im Winter).

ZOLL

Reisende aus Deutschland und Österreich dürfen Waren im Wert von 430 € (Jugendliche: 175 €) abgabenfrei mit nach Hause nehmen, Reisende aus der Schweiz im Wert von 300 SFr. Die Waren müssen für den privaten Gebrauch vorgesehen sein. Tabakwaren und Alkohol fallen nicht unter diese Wertgrenze und bleiben in bestimmten Mengen abgabenfrei (z. B. 200 Zigaretten, 4 l Wein). Weitere Auskünfte unter www.zoll.de, www.bmf.gv.at/zoll und www.zoll.ch.

Kartenatlas
Maßstab Barbados 1:150 000
Maßstab St. Lucia/Grenada 1:300 000

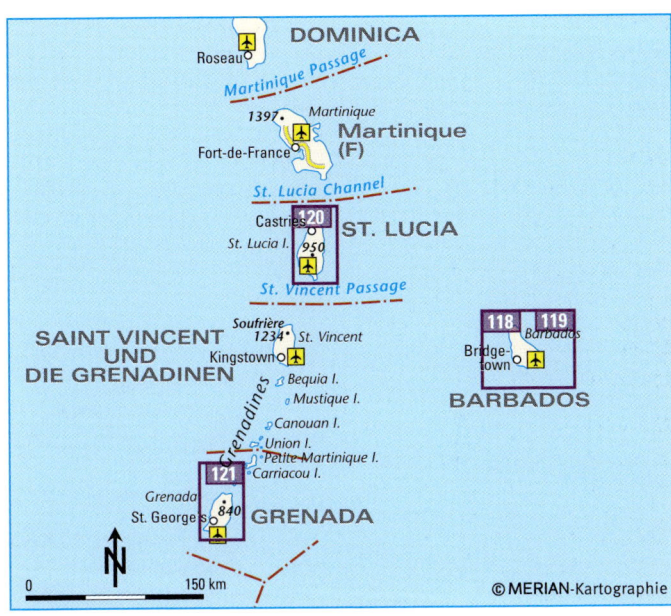

Legende

Spaziergänge
- Im Hinterland von Barbados (S. 92) Start: S. 119, E4/F3
- St. Lucias Süden (S. 96) Start: S. 120, A7

Sehenswürdigkeiten
- MERIAN-TopTen
- MERIAN-Tipp
- Sehenswürdigkeit, öffentl. Gebäude
- Sehenswürdigkeit Kultur
- Sehenswürdigkeit Natur
- Kirche
- Moschee
- Synagoge

Sehenswürdigkeiten f.
- Fort, Festung
- Klosterruine
- Museum
- Theater
- Denkmal
- Archäologische Stätte

Verkehr
- Autobahn
- Autobahnähnliche Straße
- Fernverkehrsstraße
- Hauptstraße
- Nebenstraße
- Unbefestigte Straße, Weg

Verkehr f.
- Busbahnhof
- Flughafen

Sonstiges
- Information
- Markt
- Zoo
- Botschaft, Konsulat
- Leuchtturm
- Strand
- Stadtmauer
- Friedhof

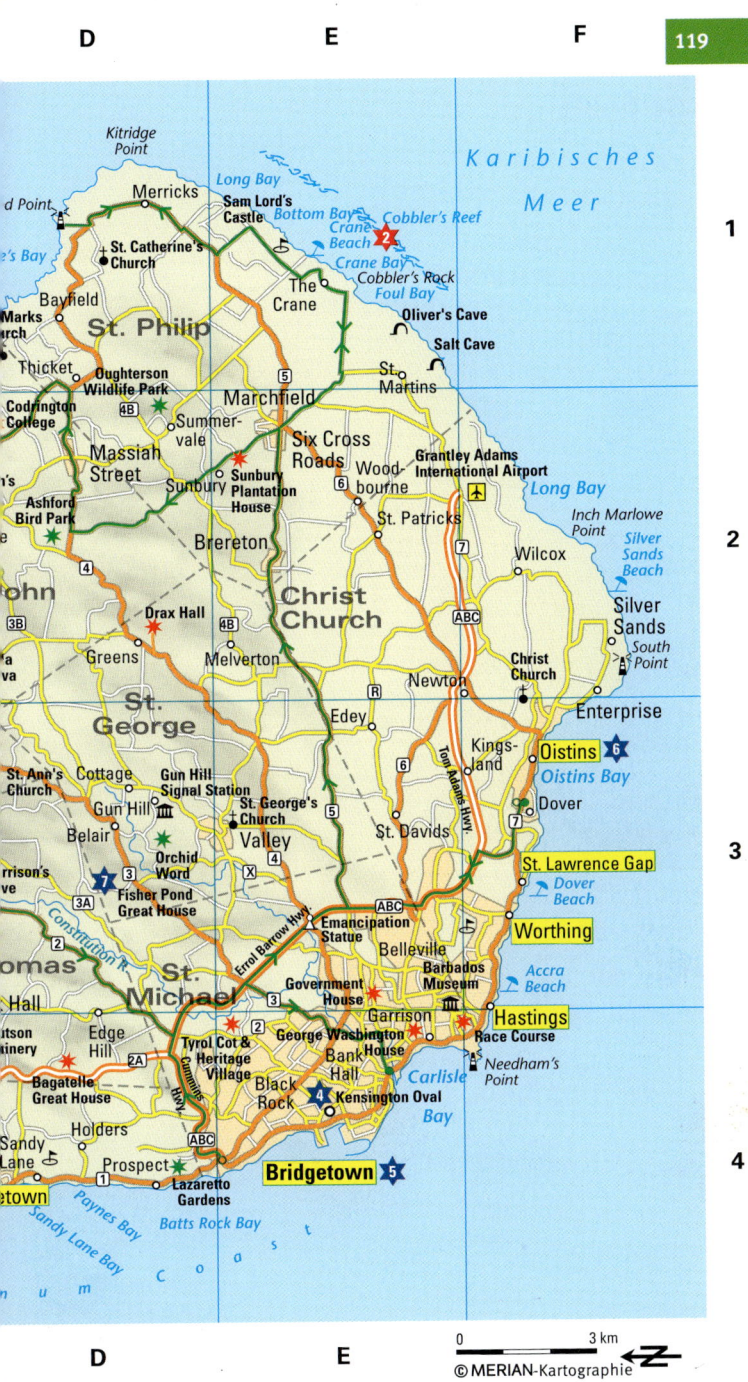

Grenada

ST. VINCENT AND THE GRENADINES
GRENADA

Martinique Channel

Palm Island
Frigate Island
Petit St. Vincent
Petit Martinique
Petit Tobago

Carriacou
Windward
Watering Bay
Carribee Inn
Hillsborough Bay
Sandy Island
Hillsborough
Mabouya Island
Grand Bay
Tyrrel Bay
Belmont
Kendeace Point
Machineel Bay
White Island
Saline Island
Frigate Island
Large Island
Rose Rk.
Bonaparte Rks.

Londonbridge Island
Sauteurs Bay
Leapers Hill
Green I.
Duquesne Bay
Sauteurs
Levera Beach NP
Sandy I.
Chantimelle
Grenada Bay
St. Mark Bay
Rose Hill
River Sallee
Union
R. Sallee
Victoria
River Antoine Rum Dist.
Gouyave
Peggy's Whim
Gouyave Bay
Mt. St. Catherine 840
Tivoli
Pearls Rock
Dougaldston Estate
Bylands
Grand Roy
Paradise
Concord
Concord Falls
Halifax Harbour
Grand R.
Grenville
Annandale Falls
Étang NP
Beauregard
Grenville Bay
Molinière
South East Mt. 715
Marquis Island
Underwater Sculpture Park
Seven
Willis
Molinière Point
Mt. Sister
Mt. Sinai 703
Marquis
Grand Mal Bay
Moritz Waterfalls
Munich
St. Andrews Bay
Fort George
Great Bacolet Bay
St. George's
Fort Frederick
Pomme Rose
9 10
Morne Jaloux
St. David's
Grand Anse Bay
B. Bacolet
3 Morne Rouge B.
Grand Anse
Pt. Salines Int. Airport
Lance aux Épines
Grenada
Grand Bay
Westerhall Point
Fort Jeudy
Glover Island
Calivigny Island

0   6 km

© MERIAN-Kartographie

Kartenregister

BARBADOS
Bathsheba S. 118, C2
Bayfield S. 119, D1
Belair S. 119, D3
Belleplaine S. 118, B3
Belleville S. 119, E3

Cattlewash S. 118, C2
Cave Hill S. 118, A3
Cottage S. 119, D3
Crab Hill S. 118, A4

Dover S. 119, F3

Edey S. 119, E3
Edge Hill S. 119, D4

Garrison S. 119, E4
Greens S. 119, D2
Gun Hill S. 119, D3

Hannays S. 118, A4
Hastings S. 119, F4
Holders S. 119, D4

Indian Ground S. 118, B3

Kingsland S. 119, F3

Melverton S. 119, E2
Merricks S. 119, D1

Nesfield S. 118, A4
Newcastle S. 118, C2
Newton S. 119, E2

Oistins S. 119, F3
Orange Hill S. 118, C4

Porters S. 118, C4
Prospect S. 119, D4

Rock Hall S. 118, B4
Rose Hill S. 118, B4

Sandy Lane S. 119, D4
Shorey S. 118, B3
Silver Sands S. 119, F2
Spring Hall S. 118, A4
St. Davids S. 119, E3
St. Lawrence Gap S. 119, F3
St. Martins S. 119, E1
St. Patricks S. 119, E2
Summervale S. 119, D2
Sunbury S. 119, E2

The Crane S. 119, E1
Thicket S. 119, D1

Venture S. 118, C2

Weston S. 118, C4
Wilcox S. 119, F2
Woodbourne S. 119, E2
Worthing S. 119, F3

ST. LUCIA
Anse la Raye S. 120, A6
Au Leon S. 120, C6
Augier S. 120, B8

Babonneau S. 120, B6

Cap Estate S. 120, B5
Cassin S. 120, C6
Castries S. 120, B6

Dennery Island S. 120, C6
Derrie Morne S. 120, B8
Desbarra S. 120, C6
Desruisseaux S. 120, B7
Durandeau S. 120, B6

Fond St. Jacques S. 120, A7

Grande Rivie S. 120, B5/B6
Gros Islet S. 120, B5

Jacmel S. 120, B6

La Borne S. 120, C5
La Caye S. 120, C6
Laboriee S. 120, B8
L'Abbayée S. 120, B6

Marc Marc S. 120, B6
Marisule Estate S. 120, B5
Micoud S. 120, C7
Mon Repos S. 120, C7
Monchy S. 120, C5

Paix Bouche S. 120, B6
Pierrot S. 120, B8

Ravine Poisson S. 120, B6
Reduit S. 120, B5

Saltibus S. 120, A7
St. Phillip S. 120, A7
St. Urbain S. 120, B8

GRENADA
B. Bacolet S. 121, E8
Belmont S. 121, E6

Concord Falls S. 121, E7

Fort Jeudy S. 121, E8

Grand Anse S. 121, D8
Grand Roy S. 121, E7

Lance aux Epines S. 121, D8

Marquis S. 121, F8
Morne Jaloux S. 121, E8

Paradise S. 121, F7
Pomme Rose S. 121, F8

R. Sallee S. 121, F7

Sandy Island S. 121, E5
St. David S. 121, E8

Tivoli S. 121, F7

Union S. 121, E7

Westerhall Point S. 121, E8
Windward S. 121, E5

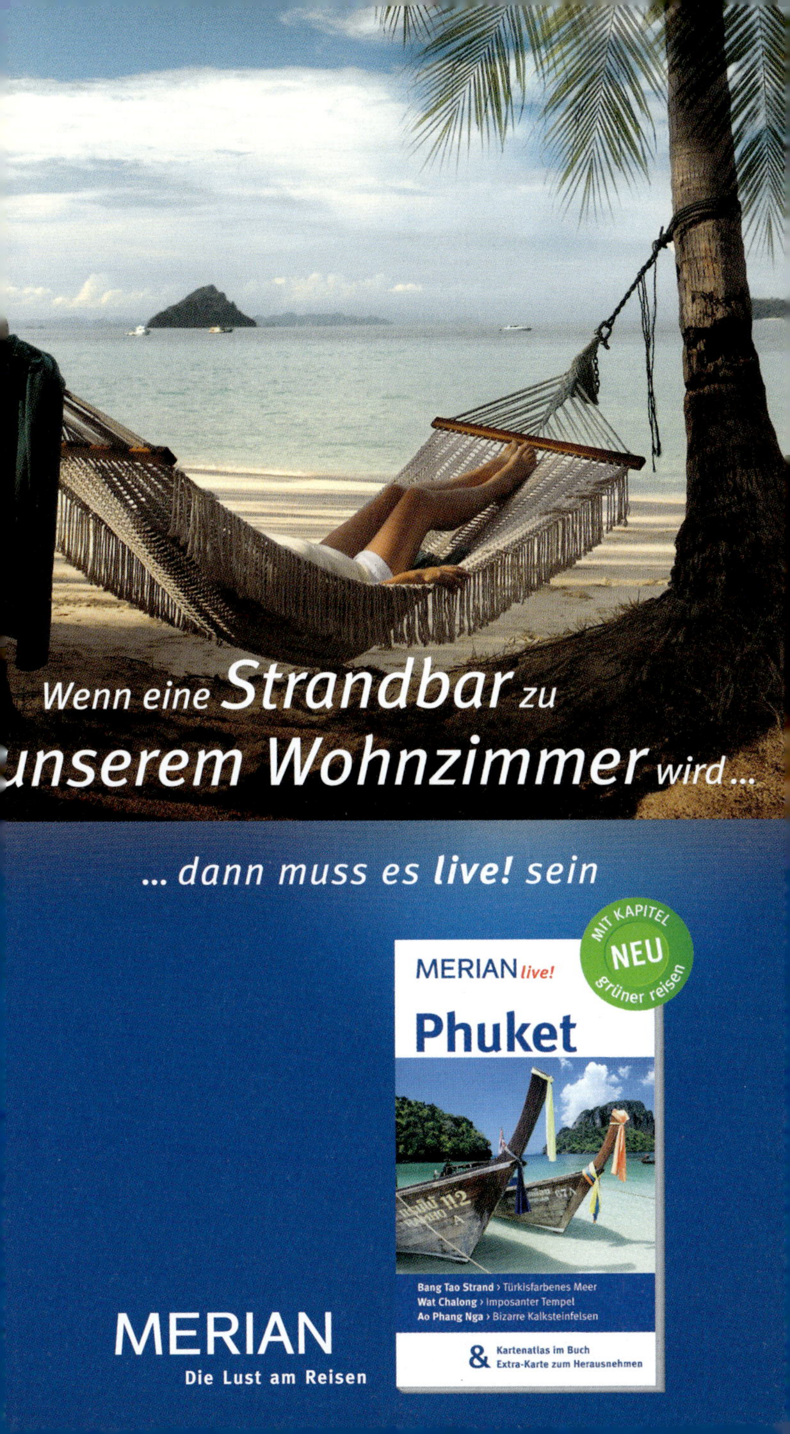
Wenn eine Strandbar zu
unserem Wohnzimmer wird ...
... dann muss es live! sein
MERIAN live!
Phuket
MIT KAPITEL
NEU
grüner reisen
Bang Tao Strand › Türkisfarbenes Meer
Wat Chalong › Imposanter Tempel
Ao Phang Nga › Bizarre Kalksteinfelsen
& Kartenatlas im Buch
Extra-Karte zum Herausnehmen
MERIAN
Die Lust am Reisen

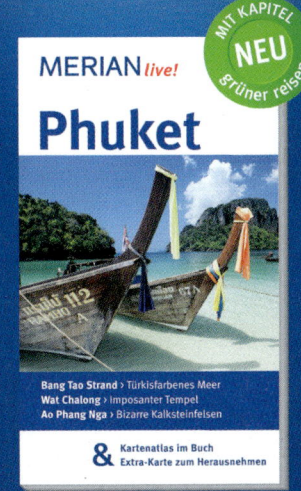

Orts- und Sachregister

Wird ein Begriff mehrfach aufgeführt, verweist die **fett** gedruckte Zahl auf die Hauptnennung, eine *kursive* Zahl auf ein Foto.
Abkürzungen:
Hotel [H]
Restaurant [R]

Accra Beach [Hastings, Barbados] 42
Accra Beach Hotel & Spa [H, Hastings, Barbados] 42
Allamanda Beach Hotel [H, Hastings, Barbados] 42
Allamanda Beach Resort [H, Grand Anse, Grenada] 86
All-inclusive 13
Almond Morgan Bay [H, Choc Bay, St. Lucia] 75
Amaryllis Beach Resort [H, Hastings, Barbados] 42
Andromeda Botanic Gardens [Barbados] **55**, *57*, 93
Animal Flower Cave [St. Lucy, Barbados] 63
Annandale Falls [Grenada] **84**, 98
Anreise 110
Anse Chastenet [H, Anse Chastenet, St. Lucia] 78
Anse Chastenet [St. Lucia] 29
Anse la Raye [St. Lucia] 76
Apartments 13
Apotheken 113
Aqua [R, Hastings, Barbados] 43
Arawak Islands Ltd. [St. George's, Grenada] 20
Archer's Bay [Barbados] 64
Atlantis Submarine Tour [Bridgetown, Barbados] 31
Auberge Seraphine [H, Castries, St. Lucia] 71
Auf einen Blick 102

Ausflüge 92, 96, 98
Auskunft 110

Balenbouche Estate [R, MERIAN-Tipp, Choiseul, St. Lucia] **79**, 94
Barbados 5, *24*, **35**
Barbados Concorde Experienece [Sir Grantley Adams Airport, Barbados] 45
Barbados Hilton [H, Bridgetown, Barbados] 40
Barbados Museum [Bridgetown, Barbados] 35
Barbados Wildlife Reserve [Farley Hill, Barbados] 31
Barbados: Bridgetown und der Westen 34
Barbados: Die wilde Ostküste 52
Bathsheba [MERIAN-TopTen, Barbados] *10/11*, 27, **55**, 93, *93*
Bathway Beach [Grenada] **29**, 87
Bay Gardens Inn [H, Rodney Bay, St. Lucia] 76
Bayfield House [H, Holetown, Barbados] 49
BB's Crab Back [R, St. George's, Grenada] 83
Belleplaine [Barbados] 94
Belmont Estate [R, Belmont, Grenada] 19
Bevölkerung 103
Bottom Bay [Barbados] **46**, 92
Bridgetown [Barbados] **35**, 92, *100/101*
Brown Sugar [R, Bridgetown, Barbados] 41

Buchtipps 110
Busse 115

Callaloo Soup 15
Camilla's Restaurant [R, Soufrière, St. Lucia] 79
Canaries [St. Lucia] 76
Careenage [Bridgetown, Barbados] *34*, 94
Carenage [St. George's, Grenada] 82
Carenage Café [R, St. George's, Grenada] 83
Carriacou [Grenada] 84
Castries [St. Lucia] **70**, *71*
Cathedral of the Immaculate Conception [Castries, St. Lucia] 71
Central Market [Castries, St. Lucia] 71
Chalky Mount [Barbados] **67**, *68*, 94
Champers Wine Bar and Restaurant [R, Hastings, Barbados] 43
Chefette [R, Bridgetown, Barbados] 41
Choc Bay [St. Lucia] 74
Choiseul [St. Lucia] 97
Coconut Beach Resort [R, Grand Anse, Grenada] 86
Codrington College [Barbados] **56**, 93
Conch 16
Concord Falls [Grenada] 85
Coral Reef Club [H, Holetown, Barbados] 48
Cottages 13
Crane Beach [MERIAN-TopTen, Barbados] 29, **45**, *46*, 92
Crop Over Festival [MERIAN-Tipp, Barbados] 25

Dasheen Restaurant [R, MERIAN-Tipp, St. Lucia] 78
David's Place [R, St. Lawrence Gap, Barbados] 47
Dennery [St. Lucia] 97

Orts- und Sachregister

Deyna's City Inn [H, St. George's, Grenada] 82
Diamond Botanical Gardens [Soufrière, St. Lucia] **77**, 96
Diplomatische Vertretungen 111
Dover Beach [Barbados] **47**, 94
Dresscode 15

East Winds Inn [H, Gros Islet, St. Lucia] 75
Einkaufen 22
Emancipation Statue [Bridgetown, Barbados] 92
Emerald's Restaurant [R, Soufrière, St. Lucia] **19**, 79
Essen und Trinken 14

Fähren 116
Familientipps 30
Farley Hill National Park [Barbados] 57, *58*
Feiertage 111
Feste und Events 24
Fischmarkt [Oistins, Barbados] 44
Fisher Pond Great House [R, MERIAN-Tipp, Barbados] 60
Fisherman's Pub [R, Speightstown, Barbados] 50
Flower Forest [MERIAN-TopTen, Barbados] **58**, 94
Flugzeug **110**, 116
Folkestone [Barbados] 5
Folkestone Marine Park [Holetown, Barbados] 48
Fond d'Or Nature History Park [St. Lucia] 97
Fond Doux Estate [H, Soufrière, St. Lucia] **19**, 78, 97
Fort Frederick [St. George's, Grenada] 81
Fort George [St. George's, Grenada] 82

Fort Willoughby [Bridgetown, Barbados] 37
Fregate Islands [St. Lucia] **20**, 97
Fusion Cooking 15

Geld 112
Geografie 103
George Washington House [Bridgetown, Barbados] 36
Geschichte 104
Gewürze 23
Ginger Lily Hotel [H, Rodney Bay, St. Lucia] 76
Golf 27
Good Little Harbour [H, Shermans, Barbados] 64
Gouyave [Grenada] 85
Graeme Hall Nature Sanctuary [Worthing, Barbados] 42
Grand Anse [Grenada] 29, **85**, *87*, *90/91*, 98
Grand Étang National Park [MERIAN-TopTen, Grenada] 81, 86, **98**, 99
Grenada 5, **80**
Grenada Chocolate Company [St. George's, Grenada] 20, *21*
Grenada Grand Beach Resort [H, Grand Anse, Grenada] 86
Grenada National Museum [St. George's, Grenada] 81
Gros Islet [St. Lucia] 74
grüner reisen 18
Guesthouse 13
Gun Hill [Barbados] 59, *61*

Hackleton's Cliff [Barbados] 93
Harrison Point Lighthouse [Barbados] 64, **65**
Harrison's Cave [Barbados] **59**, 94
Hastings [Barbados] 5, **41**
Heritage Tours [Castries, St. Lucia] 20
Hochsaison 13

Holetown [Barbados] *22*, 48, *49*
Hotel the Crane [H, Crane Beach, Barbados] 46
Hummingbird Beach Resort [H, Soufrière, St. Lucia] 79
Hunte's Garden and Nursery [Barbados] 59

Inchcape Seaside Villas [Silver Sands, Barbados] 47
Internet 112
Island Inn Hotel [H, Bridgetown, Barbados] 40

Jalousie Plantation [H, Soufrière, St. Lucia] 78
Jacques Waterfront Dining [R, Castries, St. Lucia] 72
John Moore Bar [R, Holetown, Barbados] 50

Kalinago Beach Resort [H, Morne Rouge Bay, Grenada] 88
Krankenhaus 113
Krankenversicherung 113
Kricket [MERIAN-Tipp, Bridgetown, Barbados] 36, *39*
Kulinarisches Lexikon 108

La Belle Creole [R, Grand Anse, Grenada] 86
La Luna [H, Morne Rouge Bay, Grenada] 88
La Segesse Nature Center [H, St. David's, Grenada] 19
La Source [H, Morne Rouge Bay, Grenada] 88
Laborie [St. Lucia] 97
Ladera Resort [H, Soufrière, St. Lucia] *12*, 78
Lambi 16
Lance aux Épines [Grenada] 88
Le Haut Plantation [H, Anse Chastenet, St. Lucia] 78
Levera Beach National Park [Grenada] 86

Liming 27
Little Arches Hotel [H, Oistins, Barbados] 44
Lord Nelson Statue [Bridgetown, Barbados] 37

Mago Estate Hotel [H, Soufrière, St. Lucia] 79
Mamiku Gardens [St. Lucia] 97
Maria Islands [St. Lucia] **20**, 97
Marigot Bay [MERIAN-TopTen, St. Lucia] 72, 73
Marigot Bay Hotel [H, Marigot Bay, St. Lucia] 73
Market Square [St. George's, Grenada] 82
Medizinische Versorgung 112
Miami Beach [Oistins, Barbados] 44
Micoud [St. Lucia] 97
Mietwagen 116
Mojo [R, Hastings, Barbados] 43
Moravian Church [Barbados] 94
Morgan Lewis Windmill [Barbados] **60**, 94
Morne Fendue Plantation House [R, Sauteurs, Grenada] 89
Morne Fortune [St. Lucia] 73
Morne Rouge Bay [MERIAN-Tipp, Grenada] **28**, 87
Moule-à-Chique [St. Lucia] 97
Mount Gay Destilleries [Bridgetown, Barbados] 52, 53
Mount Hillaby [Barbados] 68
Mount Misery [Barbados] 68
Mountainbiking 26, 27
Mullins Beach Bar [R, MERIAN-Tipp, Mullins, Barbados] 27, *29*
Muskatnuss *17*, 85

National Heroes Square [Bridgetown, Barbados] 36
National Rainforest [St. Lucia] 21
Nebenkosten 113
Nidhe Israel Synagogue [Bridgetown, Barbados] 38
Nishi [R, Holetown, Barbados] 50
North Point [Barbados] 63
Notruf 113

Ocean Echo Stables [Barbados] 61
Oil Down 16
Oistins 44
Oistins Fish Fry [R, MERIAN-Tipp, Oistins, Barbados] 44, *45*
Orchid World [Barbados] 61
Oughtersons Plantation House [H, St. Philip, Barbados] 66

Parliament Buildings [Bridgetown, Barbados] 37
Patrick's Homestyle Cooking [R, MERIAN-Tipp, St. George's, Grenada]
Pelican Village [Bridgetown, Barbados] 38
Petit Anse [H, Sauteurs, Grenada] 89
Petit Martinique [Grenada] 84
Petit Piton [St. Lucia] *32/33*, 76
Pigeon Island [St. Lucia] 74
Pisces [R, St. Lawrence Gap, Barbados] 47
Pitons [MERIAN-TopTen, St. Lucia] 5, 13, 18, 20, 71, **76**, 77

Platinum Coast [MERIAN-TopTen, Barbados] **28**, 31, 35, 48, 94
Point Salines [Grenada] 87
Politik 103
Port St. Charles [Barbados] 62
Post 113
Pudding and Souse 15

Queen's Park [Bridgetown, Barbados] 39
Queen's Park House [Bridgetown, Barbados] 40

Ragamuffin's [R, Holetown, Barbados] 50
Ragged Point [Barbados] 92
Rainforest Aerial Tram [Chassin, St. Lucia] 75
Razmataz [R, Rodney Bay, St. Lucia] 76
Reduit Beach [St. Lucia] **29**, 74
Reef Beach Café [R, Vieux Fort, St. Lucia] 96
Reisedokumente 113
Reisekleidung 114
Reiseknigge 114
Reisepraktisches 110
Reisewetter 114
River Antoine Estate St. Andrew, Grenada] 53
Rockley Beach [Barbados] 4, 42
Rodney Bay [St. Lucia] 74
Rostrevor Hotel [H, St. Lawrence Gap, Barbados] 47
Roti 16
Rum *14*, 52

Saltibus [St. Lucia] 97
Sam Lord's Castle [H, Crane Beach, Barbados] 46
Sandals Grande St. Lucian [H, Pigeon Point, St. Lucia] 75
Sauteurs [Grenada] 88
Schiff 110
Schnorcheln 28, *30*

Orts- und Sachregister

Scotland District [Barbados] 5, **55**, 94
Sea Foam Haciendas [H, Worthing, Barbados] **42**, 56
Sea U Guesthouse [H, Bathsheba, Barbados] 19
Shermans [Barbados] 64
Sicherheit 115
Silver Sands [Oistins, Barbados] 44
Six Cross Roads [Barbados] 92
Six Men's Bay [Port St. Charles, Barbados] 62
Somewhere Special [R, Gros Islet, St. Lucia] 76
Soufrière [MERIAN-TopTen, St. Lucia] 13, 18, 20, 71, **76**, 96, *96*
Soufrière Estate [Soufrière, St. Lucia] 96
Soup Bowl [Barbados] 5, **27**, 55, 56
South Coast Boardwalk [Hastings, Barbados] 42, *43*
Southern Palms [H, St. Lawrence Gap, Barbados] 47
Speightstown [Barbados] 50
Spice Island Beach Resort [H, Grand Anse, Grenada] 85
Sport und Strände 26
Sprache 103
Sprachführer 106
St. George's [MERIAN-TopTen, Grenada] *2*, 23, *80*, **81**, 98
St. James Church [Holetown, Barbados] 48
St. Johns Church [Barbados] **62**, 93
St. Lawrence Gap [Barbados] 47
St. Lucia 5, **70**
St. Lucia Destilleries [Marigot Bay, St. Lucia] 53
St. Lucy [Barbados] 62
St. Mary's Church [Bridgetown, Barbados] 38

St. Michael's Cathedral [Bridgetown, Barbados] 39
St. Nicholas Abbey [MERIAN-TopTen, Barbados] 60, **64**, *67*, 94
Stonefield Estate [H, Soufrière, St. Lucia] 78
Strom 115
Sulphur Springs [Soufriére, St. Lucia] **77**, 96
Sunbury Plantation House [Barbados] 54, **66**, 92
Sunday Hike [Wildey, Barbados] 21
Surf and Turf 16
Surfen 27

Tauchen 28
Tauchen für Kinder [Needham's Point, Barbados] 31
Telefon 115
The Atlantis Hotel [H, Bathsheba, Barbados] 56
The Beach House [R, Holetown, Barbados] 50
The Cliff [R, Holetown, Barbados] 49
The Coal Pot [R, Castries, St. Lucia] 72
The Cove [R, Bathsheba, Barbados] **56**, 92
The Eateries [R, Castries, St. Lucia] 72
The Edge [R, Rodney Bay, St. Lucia] 76
The Fish Pot Restaurant [R, Shermans, Barbados] 64, *65*
The Flamboyant [H, Grand Anse, Grenada] 86
The Fountain [Bridgetown, Barbados] 37
The Green Parrot [H, Morne Fortune, St. Lucia] 74
The Lodge [H, St. George's, Grenada] 82
The Lone Star [H, Holetown, Barbados] 48
The New Edgewater Hotel [H, Bathsheba, Barbados] 56

The Palm Resorts [H, Holetown, Barbados] 49
The Round House Inn [H, Bathsheba, Barbados] **56**, 92
The Sandy Lane [H, Holetown, Barbados] 49
The Tides [R, Holetown, Barbados] 50
Touren 92, 96, 98
Trinkgeld 115
Trou Blue Bay [Grenada] 88
True Blue Bay Resort [H, True Blue Bay, Grenada] 88
Turner's Hall Woods [Barbados] 66
Turtle Beach Resort [H, Dover Beach, Barbados] 47
Turtle Cruise [Bridgetown, Barbados] 31
Tyrol Cot & Heritage Village [Bridgetown, Barbados] 36

Übernachten 12
Underwater Sculpture Park [Grenada] 89, *89*

Verkehr 115
Vieux Fort [St. Lucia] 97
Villa Beach Cottages [H, Choc Bay, St. Lucia] 75
Villa Nova [Barbados] 69
Villen 13

Waterfront Café [R, MERIAN-Tipp, Bridgetown, Barbados] 38, *40*
Welchman Hall Gully [MERIAN-TopTen, Barbados] 58, **69**, 94
Windsurfen 27
Wirtschaft 103
Worthing [Barbados] 41

York House [St. George's, Grenada] 82

Zeit 116
Zeitungen 116
Zoll 116

IMPRESSUM

Liebe Leserinnen und Leser,
vielen Dank, dass Sie sich für einen Titel aus unserer Reihe MERIAN *live!* entschieden haben. Wir freuen uns, Ihre Meinung zu diesem Reiseführer zu erfahren. Bitte schreiben Sie uns an merian-live@travel-house-media.de, wenn Sie Berichtigungen und Ergänzungen haben – und natürlich auch, wenn Ihnen etwas ganz besonders gefällt.

Alle Angaben in diesem Reiseführer sind gewissenhaft geprüft. Preise, Öffnungszeiten usw. können sich aber schnell ändern. Für eventuelle Fehler übernimmt der Verlag keine Haftung.

© 2011 TRAVEL HOUSE MEDIA
GmbH, München
MERIAN ist eine eingetragene Marke der
GANSKE VERLAGSGRUPPE.

1. Auflage

Alle Rechte vorbehalten. Nachdruck, auch auszugsweise, sowie die Verbreitung durch Film, Funk, Fernsehen und Internet, durch fotomechanische Wiedergabe, Tonträger und Datenverarbeitungssysteme jeglicher Art nur mit schriftlicher Genehmigung des Verlages.

BEI INTERESSE AN DIGITALEN DATEN AUS DER MERIAN-KARTOGRAPHIE:
kartographie@travel-house-media.de

BEI INTERESSE AN ANZEIGENSCHALTUNG:
KV Kommunalverlag GmbH & Co KG
MediaCenterMünchen
Tel. 0 89/92 80 96 44
winzer@kommunal-verlag.de

TRAVEL HOUSE MEDIA
Postfach 86 03 66
81630 München
merian-live@travel-house-media.de
www.merian.de

PROGRAMMLEITUNG
Dr. Stefan Rieß
REDAKTION
Simone Lucke
LEKTORAT
Waltraud Ries
BILDREDAKTION
Lisa Grau
SCHLUSSREDAKTION
Ulla Thomsen
SATZ
Nadine Thiel | kreativsatz
REIHENGESTALTUNG
Independent Medien Design,
Elke Irnstetter, Mathias Frisch
KARTEN
Gecko-Publishing GmbH
für MERIAN-Kartographie
DRUCK UND BUCHBINDERISCHE VERARBEITUNG
Stürtz Mediendienstleistungen, Würzburg
GEDRUCKT AUF
Eurobulk von der Papier Union

Ein Unternehmen der
GANSKE VERLAGSGRUPPE

BILDNACHWEIS

Titelbild (Holetown), Mauritius Images: DanitaDelimont.com/W. Bibikow
Alamy: AA World Travel Library 68 • ArcoImages: Camerabotanica 18 • Bildagentur Huber: F. Olimpio 4, 10/11, 14, 46, 52, 57, 93, R. Schmid 2, 17, 29, 34, 80, 87 • Bulls: Sam Barcroft 89 • ddp images 100/101 • dpa Picture-Alliance: C. Ehlers 31/32, B. Hemming 54, Lonely Planet Images/H. Leue 99 • f1online: AGE/A: Leiva 74, Tiofoto 96 • Laif: M. Amme 30, Le Figaro Magazine/Martin 70, 73, E. Gurian 65, 66, C. Heeb 12, 21, 77, 102, Hemispheres 22, F. Heuer 26, G. Huber 90/91 • Look-Foto: age fotostock 58, 63 • Mauritius Images: Alamy 39, 40, 43, 45, 49, 61 • shutterstock: trevor kittelty 85